Trainieren mit Einstein 3/4

Aufgaben zum Fördern und Festigen

Erarbeitet von
Prof. Dr. Marianne Grassmann
Dr. Oliver Thiel

Weitere Materialien:

Trainieren mit Einstein 1/2	ISBN 978-3-507-75234-4
Knobeln mit Einstein 1/2	ISBN 978-3-507-75232-0
Knobeln mit Einstein 3/4	ISBN 978-3-507-75223-7
Einsteins Mathemerkheft	ISBN 978-3-507-75231-3

ISBN 978-3-507-75235-

Druck A 2 / Jahr 2007

Illustration: Barbara Hömberg
Satz und Repro: More*Media* GmbH, Dortmund
Druck und Bindung: westermann druck GmbH, Braunschweig

Trainieren mit Einstein – Aufgaben zum Fördern und Festigen

Sowohl die heterogenen Lernvoraussetzungen als auch das individuelle Lerntempo der Kinder und die unterschiedlichen kognitiven Fähigkeiten verlangen eine zunehmende Differenzierung und Individualisierung des Unterrichts, um eine bessere Passung zwischen Entwicklungsstand der Kinder und dem Lernangebot zu erreichen. Nachdem wir mit dem „Knobeln für Einstein" ein Aufgabenangebot zur Förderung leistungsstarker Grundschulkinder vorgelegt haben, wird mit den nun vorliegenden Ergänzungsheften zum Lehrwerk Primo.Mathematik Aufgabenmaterial zur Förderung der leistungsschwächeren Kinder, also eine Ergänzung der „gelben" Aufgaben des Lehrwerkes, vorgelegt.
Die Aufgaben des Übungs- und Fördermaterials dienen der Entwicklung und Festigung der für das erfolgreiche Lernen von Mathematik unbedingt notwendigen Grundlagen. Schwerpunkt der vorliegenden Kopiervorlagen ist insbesondere die Unterstützung der Entwicklung grundlegender arithmetischer Fähigkeiten wie der Festigung des Zahlbegriffs, der Ausbildung von Vorstellungen zu den einzelnen Rechenoperationen, aber auch der Fähigkeit, Zusammenhänge und Beziehungen zwischen Zahlen zu erkennen, denn auch oder gerade leistungsschwächere Kinder müssen in die Lage versetzt werden, (elementare) Zusammenhänge zu erkennen und diese zu nutzen. Diese Fähigkeiten sind dann auch Grundlage z. B. für den erfolgreichen Umgang mit Größen, das Lösen von Sachaufgaben u. a. Neben diesen arithmetischen Inhalten werden weitere Übungen zur Wahrnehmungsschulung angeboten, da leistungsschwache Kinder insbesondere an dieser Stelle häufig einen erhöhten Übungs- und Förderbedarf haben. Das vorliegende Material kann in Phasen differenzierten und individualisierten Lernens im Unterricht eingesetzt werden, aber auch als zusätzliches Übungsmaterial für zu Hause empfohlen werden. Sinnvoller aus unserer Sicht ist allerdings ein Einsatz im Unterricht, da dann die Möglichkeit besteht, die Kinder bei der Bearbeitung zu beobachten und Ursachen für auftretende Probleme besser erkunden zu können. Wichtig beim Einsatz des Aufgabenmaterials ist, dass die in den ikonischen Darstellungen angebotenen Anregungen zu handelndem Lernen auch in konkrete Handlungen der Kinder umgesetzt werden, um ihnen im wahrsten Sinne des Wortes ein **Begreifen, die Ausbildung von Vorstellungen** zu ermöglichen.
Zur Ausbildung von Vorstellungen zu großen Zahlen und zum Rechnen mit diesen Zahlen empfehlen wir die Mehrsystemblöcke (auch Dienesblöcke) bzw. auch das Perlenmaterial von Montessori oder ähnliches. Wichtig ist, dass die Kinder auch durch Handlungen das Ein- und Umwechseln nachvollziehen, dass sie sehen können, dass zehn Einer eine Zehnerstange, zehn Zehnerstangen eine Hunderterplatte usw. sind. Man kann sich deutlich besser eine Hunderterplatte, drei Zehnerstangen und vier Einerwürfel für 134 vorstellen als 134 einzelne Steckwürfel.
Das Aufgabenangebot ist so gewählt, dass typische Problembereiche aufgegriffen werden und den Kindern zusätzliches Übungsmaterial angeboten wird, das einzelne Schwierigkeiten (z. B. Überträge bei den verschiedenen Rechenverfahren) thematisiert.
Auch oder gerade bei leistungsschwächeren Kindern ist es wichtig, dass über Lösungen und Lösungswege kommuniziert wird, dass die Kinder die Fähigkeit entwickeln, selbst einzuschätzen, ob ihre Lösungen korrekt sind und auf diese Weise auch ihr Selbstbewusstsein gesteigert wird.
Auch wenn sich die Hefte an der Konzeption des Lehrwerkes Primo.Mathematik orientieren, können sie wegen der Fokussierung auf grundlegende Fähigkeiten unabhängig vom verwendeten Lehrwerk zur Förderung leistungsschwächerer Kinder eingesetzt werden.

1 a) Male die Körper aus. Würfel: braun, Quader: grün, Kugeln: blau, Zylinder: gelb, Pyramiden: rot, Kegel: lila.

b) Wie viele sind es?

Würfel	Quader	Kugeln	Zylinder	Kegel	Pyramiden
	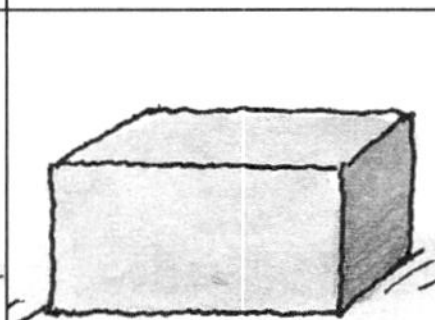		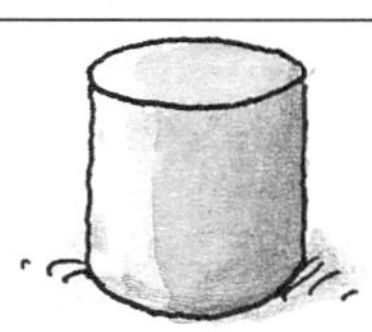		

1 Marvin hat drei Ansichten seines Zimmers gezeichnet.
Baue die Zimmereinrichtung mit Bausteinen nach.

von vorn

von rechts

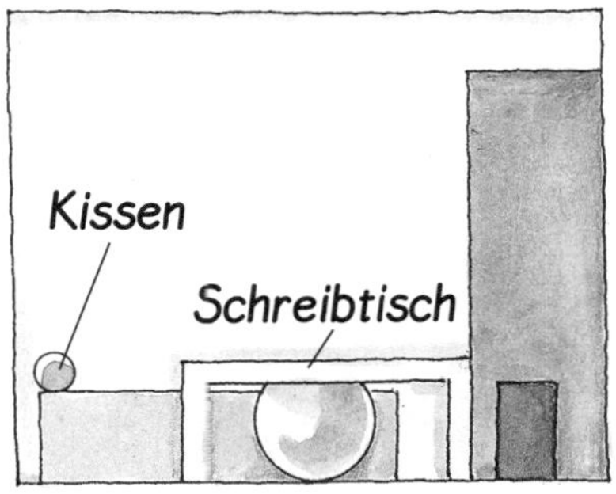

von oben

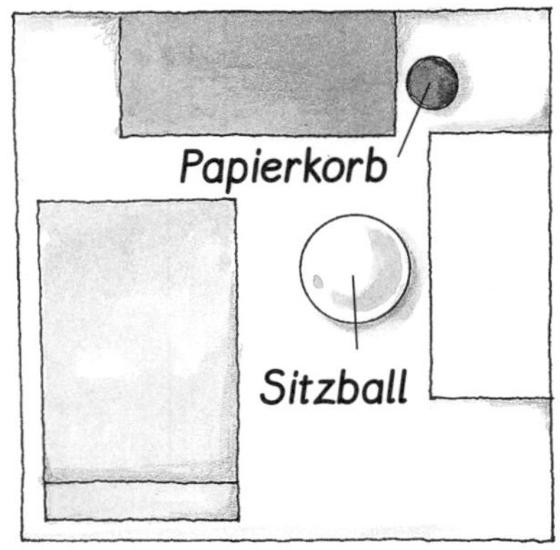

2 Richte selbst ein Kinderzimmer mit Bausteinen ein.
Zeichne drei Ansichten so genau,
dass andere dein Zimmer nachbauen können.
Dabei sollst du:

- 5 bis 6 Bausteine auswählen,
- dir überlegen, was die Bausteine darstellen sollen (Schrank, Tisch, Bett, …),
- das eingerichtete Zimmer von vorn, von rechts und von oben zeichnen,
- die fertigen Zeichnungen mit deinem Nachbarn überprüfen.

von oben

von vorn

von rechts

3 Baue Kinderzimmer, die deine Mitschülerinnen und Mitschüler gezeichnet haben, mit Bausteinen nach.

Aufgabe 1: Geben Sie je nach Größe der Bausteine eine Grundfläche mit geeigneter Seitenlänge vor.

1 So kannst du einen Schneestern basteln.

2 Sechs Kinder basteln Schneesterne. Wie sehen die Schneesterne aus, wenn sie auseinander gefaltet werden?

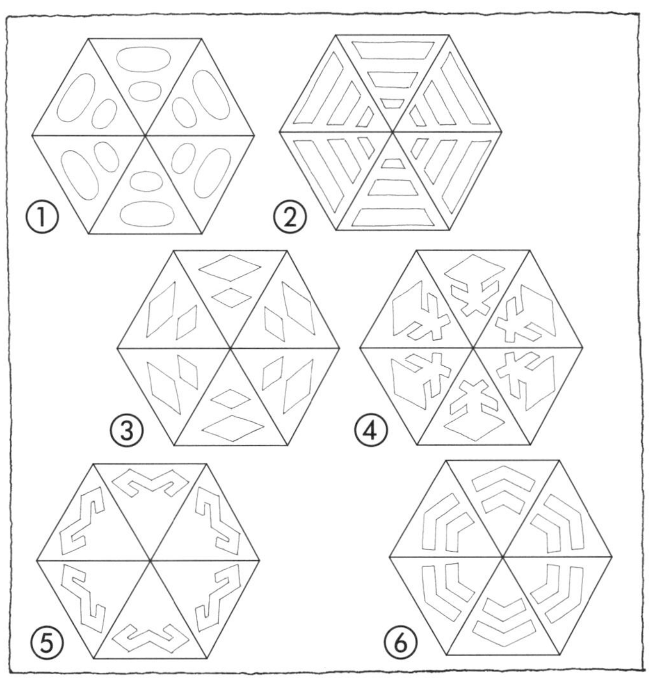

1 Im rechten Bild haben sich zehn Fehler eingeschlichen. Findest du sie?

2 Wieder sind im rechten Bild zehn Fehler versteckt. Finde sie.

3 Auch hier haben sich rechts zehn Fehler eingeschlichen. Findest du sie?

Trainieren mit Einstein 3/4

1 Einstein hat sehr viele Hundekuchen gebacken. Wie viele sind es?

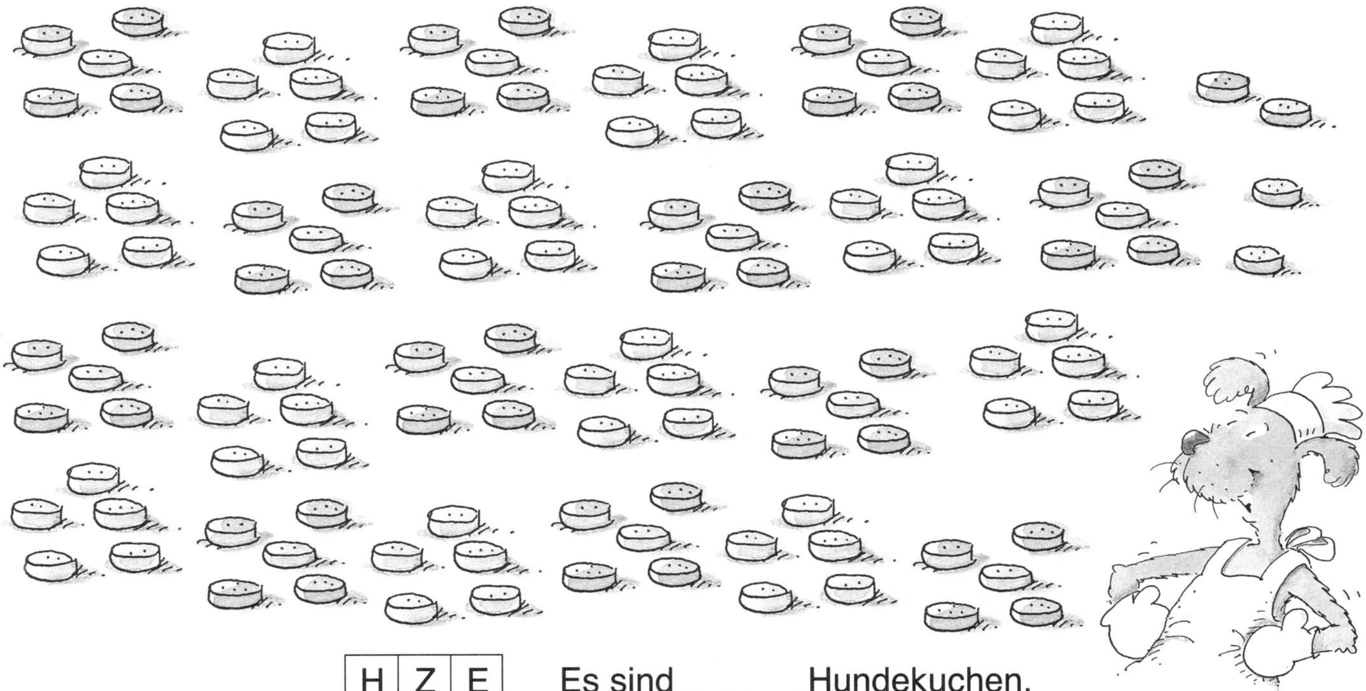

H	Z	E

Es sind ______ Hundekuchen.

2 Einstein hat noch mehr gebacken und seine Hundekuchen verpackt. Immer 10 Hundekuchen kommen in einen Riegel, 10 Riegel passen in eine Schachtel.
Wie viele Hundekuchen sind in einer Schachtel?
Wie viele Hundekuchen sind auf dem Bild?

H	Z	E

Es sind ______ Hundekuchen.

3 Einstein malt für jede Schachtel ein Quadrat, für jeden Riegel einen Strich und für jeden einzelnen Hundekuchen einen Punkt. Wie viele Hundekuchen sollen es sein?

a) 

H	Z	E

______ Hundekuchen

b) 

H	Z	E

______ Hundekuchen

c) 

H	Z	E

______ Hundekuchen

Trainieren mit Einstein 3/4

1 Einstein hat 824 Hundekuchen gebacken.

a) Wie viele Riegel kann er aus diesen Hundekuchen machen? _____ Riegel

b) Wie viele Schachteln kann er mit diesen Riegeln füllen? _____ Schachteln

c) Wie viele einzelne Riegel bleiben übrig? _____ Riegel

d) Wie viele einzelne Hundekuchen bleiben übrig? _____ Hundekuchen

e) Lege nach.

2 Stelle folgende Zahlen mit Arbeitsmaterial dar. Zeichne auf, wie du es gemacht hast.
Zeichne □ für einen Hunderter, | für einen Zehner und • für einen Einer.

a) 463

b) 379

c) 657

d) 791

e) 236

f) 548

g) 182

h) 915

3 Welche Zahlen sind hier dargestellt? Verbinde.

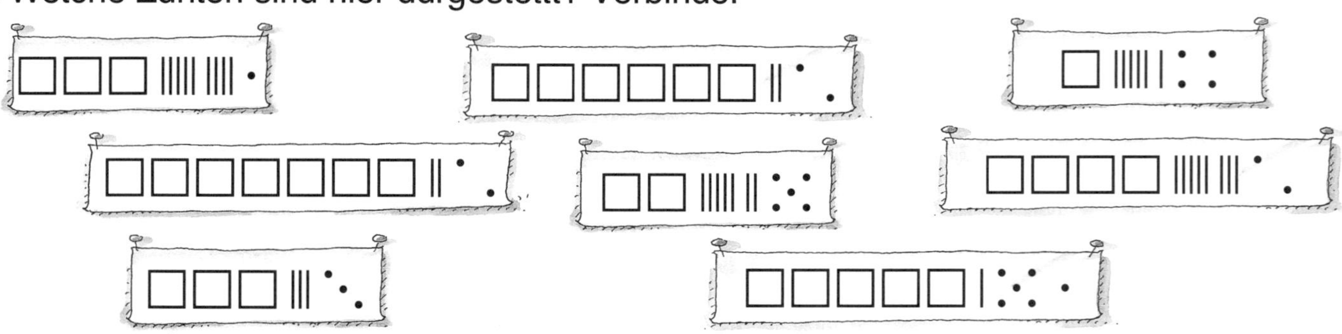

722 | 275 | 333 | 482

391 | 516 | 164 | 622

Aufgabe 1 und 2: Als Material eignen sich die Mehrsystemblöcke (Dienes), das goldene Perlenmaterial (Montessori) oder ähnliches.

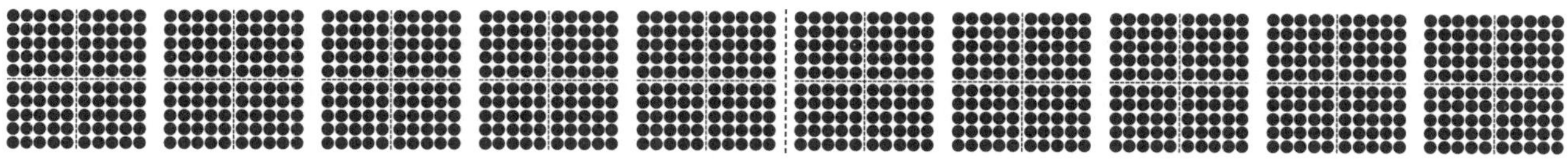

1 Wie viele Punkte sind hier abgebildet?
Erkläre, wie du darauf gekommen bist?

2 Es sollen nur noch so viele Punkte zu sehen sein; decke den Rest ab:

a) 600   b) 200   c) 900   d) 300   e) 800   f) 100   g) 500   h) 700

3 Es sollen nur noch so viele Punkte zu sehen sein; decke den Rest ab:

a) 580   b) 850   c) 730   d) 120   e) 910   f) 360   g) 640   h) 270

4 a) Kannst du auch 755 Punkte zeigen?

b) Kannst du 497 Punkte zeigen?

5 Wie viele Punkte sind hier zu sehen? Notiere als Zahl und zeichne.

a)

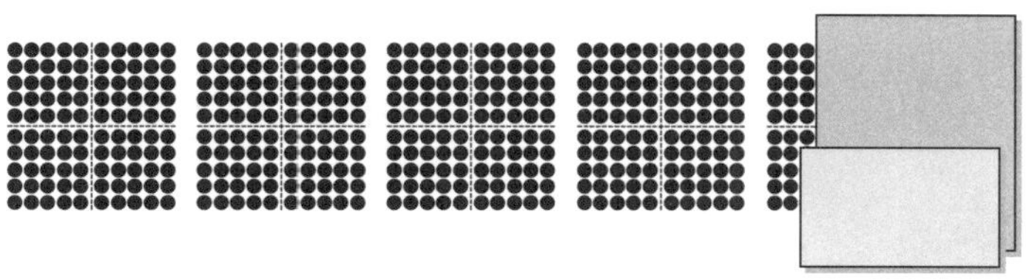

_____ Punkte

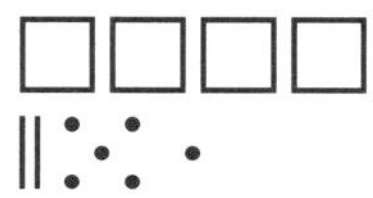

b)

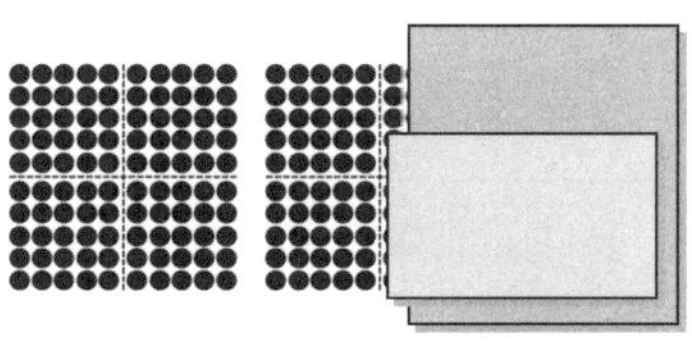

_____ Punkte

c)

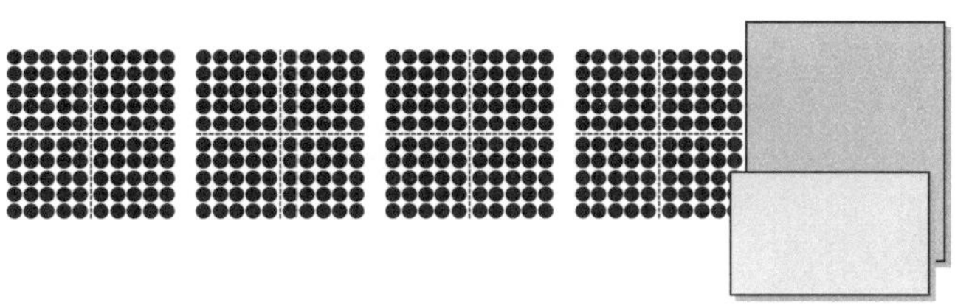

_____ Punkte

d)

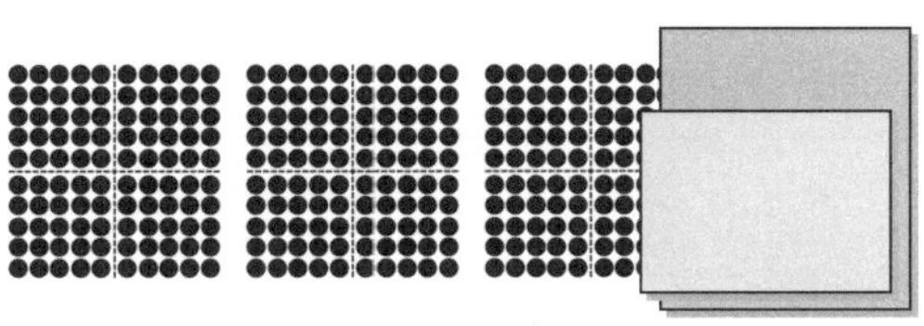

_____ Punkte

e)

_____ Punkte

Die Aufgaben 1 bis 4 werden in Partnerarbeit oder mit der Lehrerin bearbeitet.

Trainieren mit Einstein 3/4

1 Schneide die zehn Hundertertafeln aus und ordne sie zu einer Tausendertafel an.
Wie sind die Zahlen angeordnet? Beschreibe.

1	2	3	4	5	6	7	8	9	10
11									20
21									30
31									40
41									50
51									60
61									70
71									80
81									90
91									100

101	102	103	104	105	106	107	108	109	110
111									120
121									130
131									140
141									150
151									160
161									170
171									180
181									190
191									200

201	202	203	204	205	206	207	208	209	210
211									220
221									230
231									240
241									250
251									260
261									270
271									280
281									290
291									300

301	302	303	304	305	306	307	308	309	310
311									320
321									330
331									340
341									350
351									360
361									370
371									380
381									390
391									400

401	402	403	404	405	406	407	408	409	410
411									420
421									430
431									440
441									450
451									460
461									470
471									480
481									490
491									500

501	502	503	504	505	506	507	508	509	510
511									520
521									530
531									540
541									550
551									560
561									570
571									580
581									590
591									600

Gegebenenfalls können die Hundertertafeln vor dem Ausschneiden vergrößert werden. Die Anordnung der Hundertertafeln in der Tausendertafel sollte vertikal sein, damit Analogien besser erkannt werden.

1 Suche die Hunderter auf deiner Tausendertafel.
Schreibe Vorgänger und Nachfolger auf.

a) 99 < 100 < ______   b) ______ < 400 < ______   c) ______ < 700 < ______

2 Zähle in Hunderterschritten. Zeige die Zahlen auf der Tausendertafel.

a) 100, 200, …   b) 1, 101, …   c) 15, 115, …   d) 97, 197, …   e) 68, …

3 Zähle in Hunderterschritten rückwärts. Zeige die Zahlen auf der Tausendertafel.

a) 1000, 900, …   b) 901, 801, …   c) 985, 885, …   d) 947, 847, …   e) 753, …

4 Wohin gehören die Zahlen 37, 237 und 862 auf der Tausendertafel? Welche Zahlen stehen neben, über und unter ihnen? Trage ein.

a)

	27	
36	37	

b)

	237	

c)

	862	

601	602	603	604	605	606	607	608	609	610
611									620
621									630
631									640
641									650
651									660
661									670
671									680
681									690
691									700

801	802	803	804	805	806	807	808	809	810
811									820
821									830
831									840
841									850
851									860
861									870
871									880
881									890
891									900

701	702	703	704	705	706	707	708	709	710
711									720
721									730
731									740
741									750
751									760
761									770
771									780
781									790
791									800

901	902	903	904	905	906	907	908	909	910
911									920
921									930
931									940
941									950
951									960
961									970
971									980
981									990
991									1000

Gegebenenfalls können die Hundertertafeln vor dem Ausschneiden vergrößert werden. Die Anordnung der Hundertertafeln in der Tausendertafel sollte vertikal sein, damit Analogien besser erkannt werden.

Trainieren mit Einstein 3/4

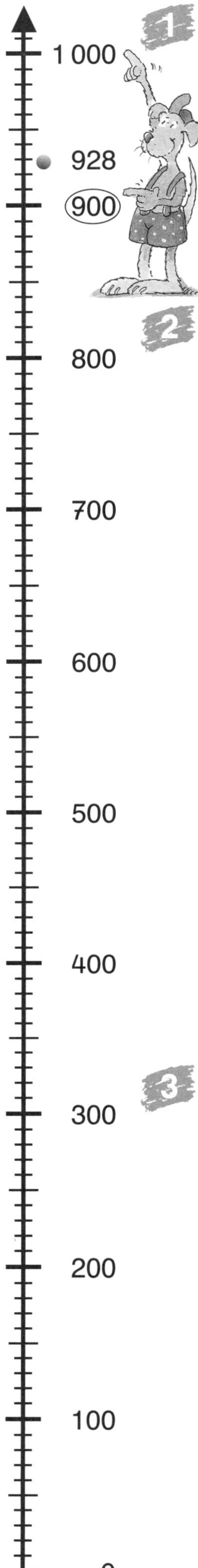

1 Links siehst du, wie Einstein die Nachbarhunderter von 928 gefunden hat. Du siehst auch, dass 928 näher an 900 als an 1 000 ist.
Mache es wie Einstein: Finde Nachbarhunderter.
Kreise jeweils den Nachbarhunderter ein, der näher ist.

a) (900) < 928 < 1 000 b) ____ < 537 < ____
c) ____ < 418 < ____ d) ____ < 152 < ____
e) ____ < 241 < ____ f) ____ < 793 < ____

2 Unten siehst du, wie Einstein die Nachbarzehner von 736 gefunden hat. Du kannst auch erkennen, dass die 736 näher an 740 als an 730 liegt. Mache es wie Einstein: Finde Nachbarzehner.
Kreise jeweils den Nachbarzehner ein, der näher ist.

a)
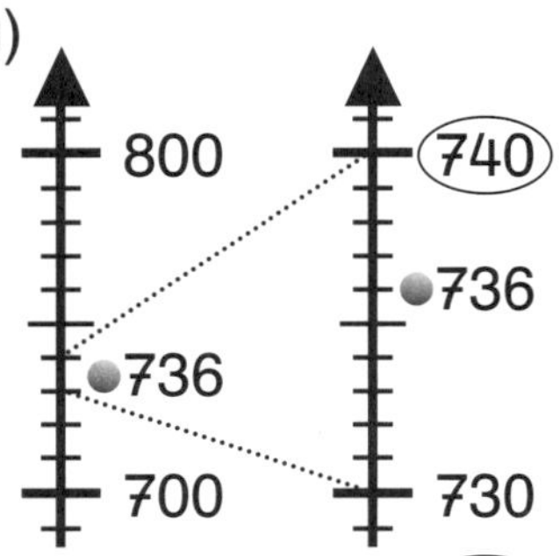

730 < 736 < (740)

b)
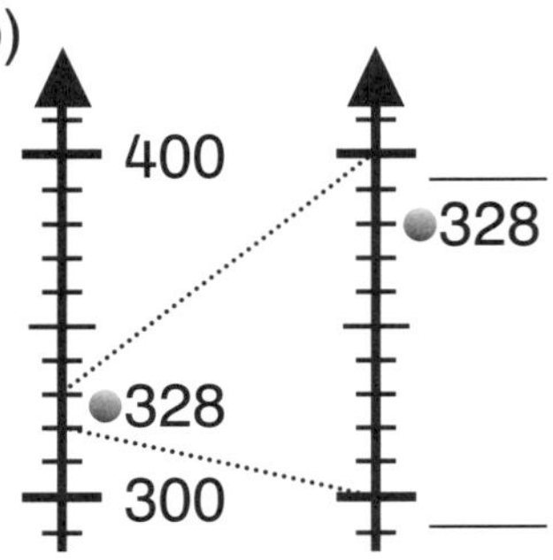

____ < 328 < ____

c)
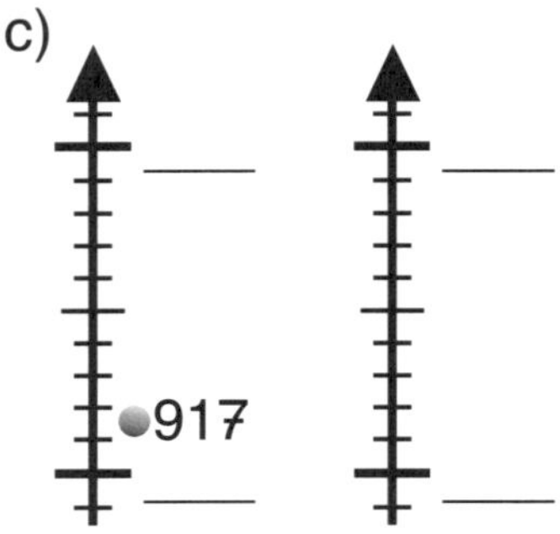

____ < 917 < ____

d)
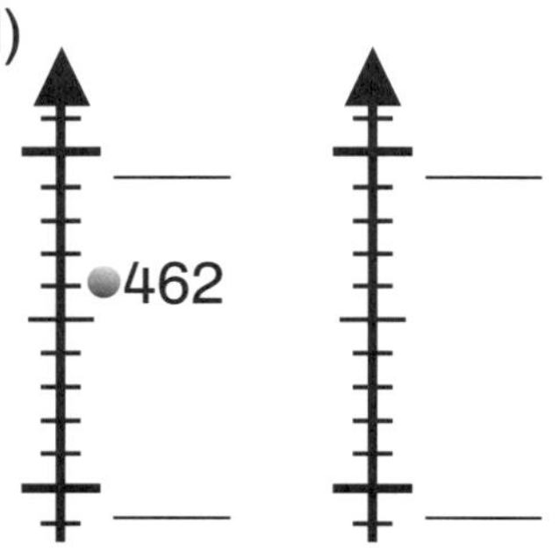

____ < 462 < ____

e)
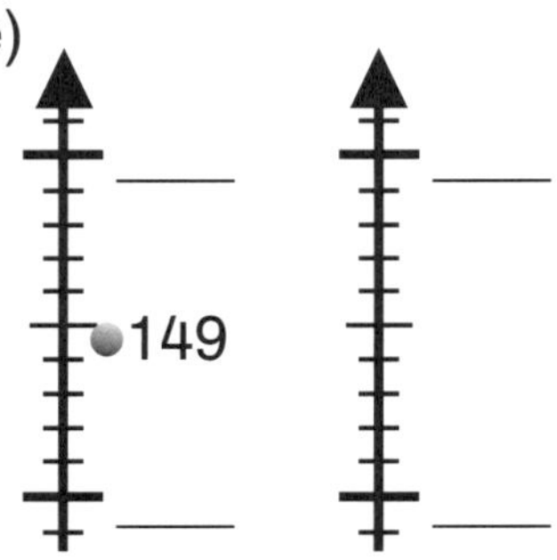

____ < 149 < ____

f)
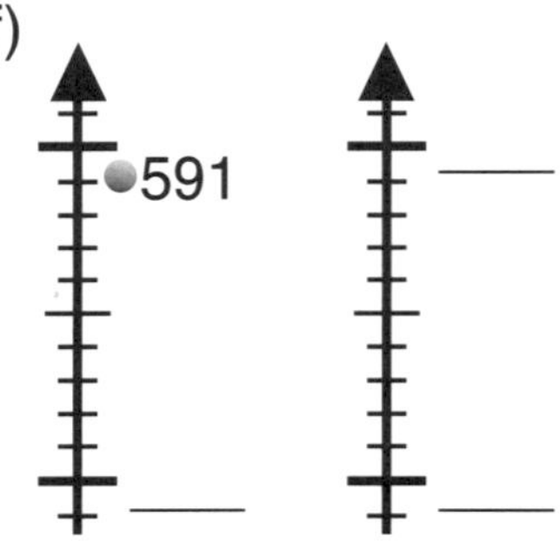

____ < 591 < ____

3 Finde Nachbarzehner und Nachbarhunderter. Trage sie in die Tabelle ein. Kreise in der Tabelle jeweils den Nachbarzehner und den Nachbarhunderter ein, zu dem es näher ist.

Nachbar-hunderter	Nachbar-zehner	Zahl	Nachbar-zehner	Nachbar-hunderter
400	(470)	473	480	(500)
		826		
		151		
		502		
		987		
		222		
		318		

1 Welche Karten gehören zusammen?

zweihundert-achtund-zwanzig	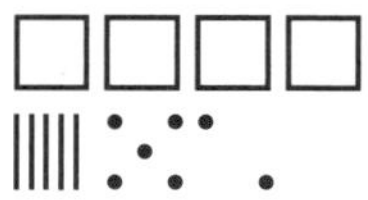	790	vierhundert-siebenund-fünfzig	eintausend
685	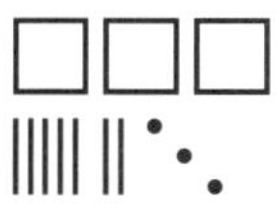	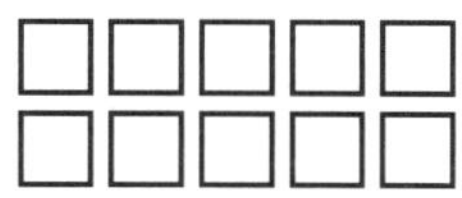	986	228
	vierhundert-sieben	308	dreihundert-dreiundsiebzig	
373	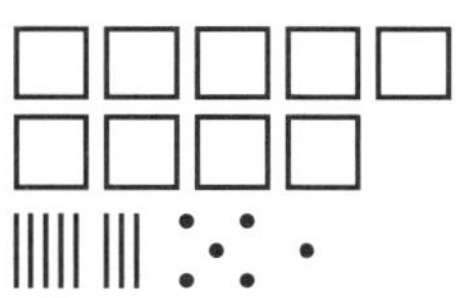	siebenhundert-dreiundachtzig	172	neunhundert-sechsund-achzig
dreihundert-acht	407		sechshundert-fünfundachzig	
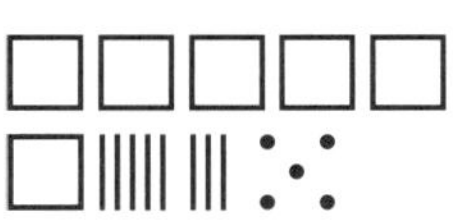	siebenhundert-neunzig	457		783
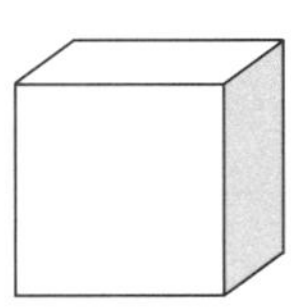		einhundert-zweiund-siebzig	1000	

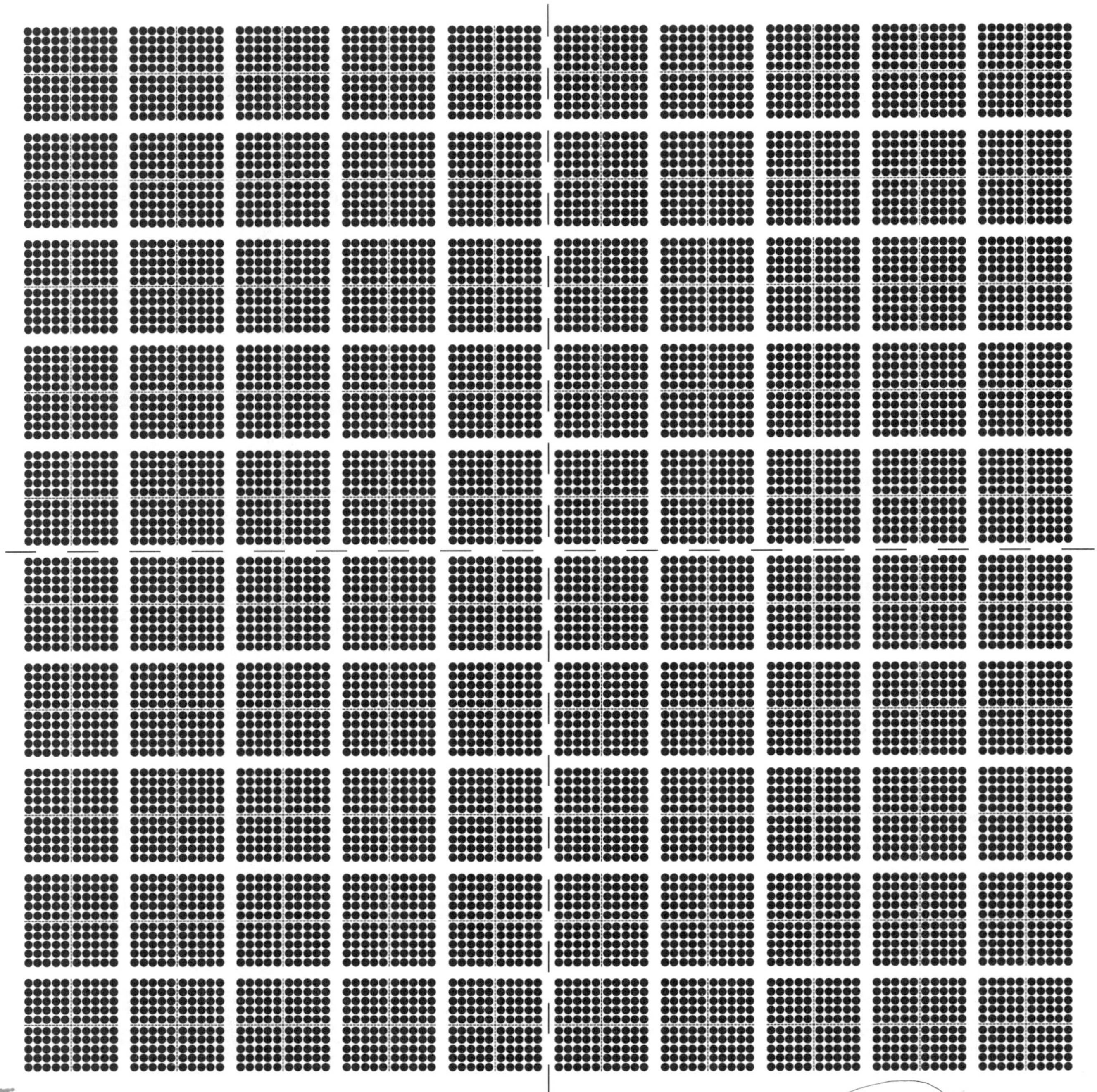

1 Wie viele Punkte sind hier abgebildet?
Erkläre, wie du darauf gekommen bist.

2 Es sollen nur noch so viele Punkte abgebildet sein; decke den Rest ab:
a) 4 000 b) 9 000 c) 6 000 d) 3 000 e) 7 000 f) 1 000 g) 5 000

3 Es sollen nur noch so viele Punkte abgebildet sein; decke den Rest ab:
a) 9 500 b) 2 800 c) 4 100 d) 6 600 e) 3 900 f) 8 200 g) 7 300

4 Es sollen nur noch so viele Punkte abgebildet sein; decke den Rest ab:
a) 7 350 b) 1 110 c) 9 050 d) 5 720 e) 8 290 f) 2 470 g) 4 930

5 Kannst du auch 6 789 Punkte zeigen?

Die Aufgaben werden in Partnerarbeit oder mit der Lehrerin bearbeitet. Es können auch Punkte abgedeckt werden, der Partner muss erkennen, wie viele Punkte noch zu sehen sind.

1 Einstein hat Hundekuchen gebacken und verpackt. Immer 10 Hundekuchen kommen in einen Riegel, 10 Riegel passen in eine Schachtel und 10 Schachteln passen in einen Karton. Wie viele Hundekuchen sind in einer Schachtel? Wie viele Hundekuchen sind in einem Karton? Wie viele Hundekuchen sind auf dem Bild?

T	H	Z	E

Es sind ______ Hundekuchen.

2 Einstein malt für jeden Karton einen Würfel, für jede Schachtel ein Quadrat, für jeden Riegel einen Strich und für jeden einzelnen Hundekuchen einen Punkt. Wie viele Hundekuchen sind es?

a) 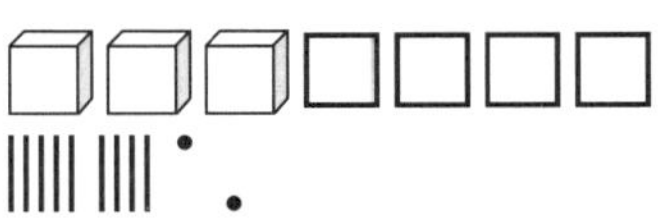

T	H	Z	E

______ Hundekuchen

b) 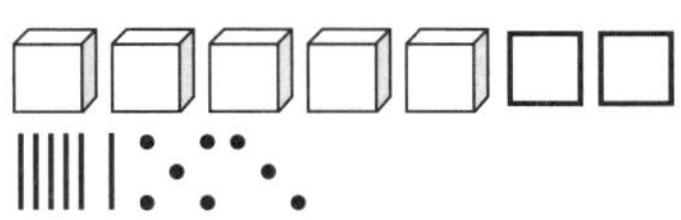

T	H	Z	E

______ Hundekuchen

c) 

T	H	Z	E

______ Hundekuchen

d) 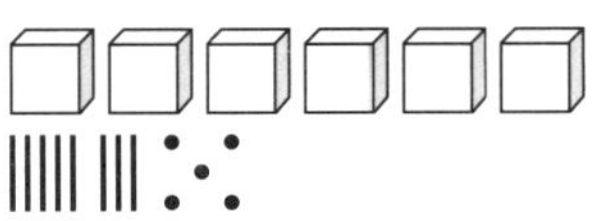

T	H	Z	E

______ Hundekuchen

e) 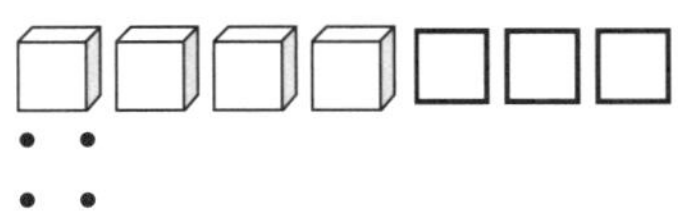

T	H	Z	E

______ Hundekuchen

f) 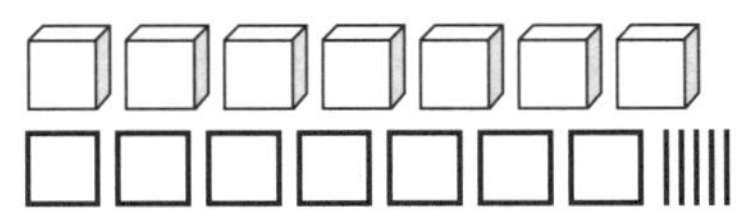

T	H	Z	E

______ Hundekuchen

3 Schreibe als Summe.

a) viertausendachthunderteinunddreißig 4 000 + 800 + 30 + 1 = 4 831

b) sechstausendzweihundertachtundfünfzig ______ + ______ + ____ + __ = ______

c) zweitausendneunhundertsiebenundzwanzig ______ + ______ + ____ + __ = ______

1 Einstein hat 2 341 Hundekuchen gebacken.

a) Wie viele Riegel kann er aus diesen Hundekuchen machen? _____ Riegel

b) Wie viele Schachteln kann er mit diesen Riegeln füllen? _____ Schachteln

c) Wie viele Kartons kann er mit diesen Schachteln füllen? _____ Kartons

d) Wie viele einzelne Schachteln bleiben übrig? _____ Schachteln

e) Wie viele einzelne Riegel bleiben übrig? _____ Riegel

f) Wie viele einzelne Hundekuchen bleiben übrig? _____ Hundekuchen

g) Lege nach.

2 Stelle folgende Zahlen mit Arbeitsmaterial dar. Zeichne auf, wie du es gemacht hast. Zeichne ▢ für einen Tausender, □ für einen Hunderter, | für einen Zehner und • für einen Einer.

a) 1 237

b) 3 009

c) 2 741

d) 2 310

e) 1 082

f) 3 505

3 Welche Zahlen sind hier dargestellt? Verbinde.

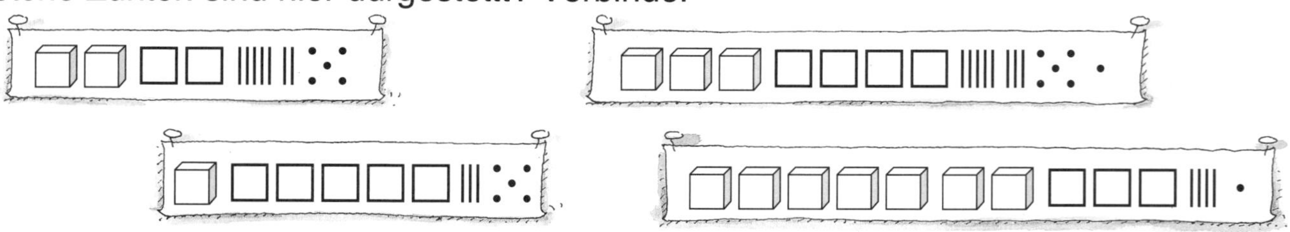

1 535 | 2 275 | 3 486 | 7 341

Aufgabe 1 und 2: Als Material eignen sich die Mehrsystemblöcke (Dienes), das goldene Perlenmaterial (Montessori) oder ähnliches.

Auch für sehr große Zahlen kann man Bilder malen:

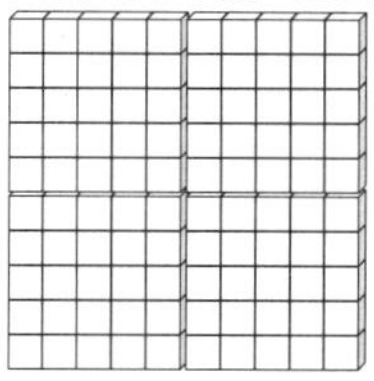 Hunderttausend,  Zehntausend, ▢ Tausend, □ Hundert, I Zehn, • Eins

1 Schreibe die fehlenden Angaben auf. Was fällt dir auf?

a)

	175
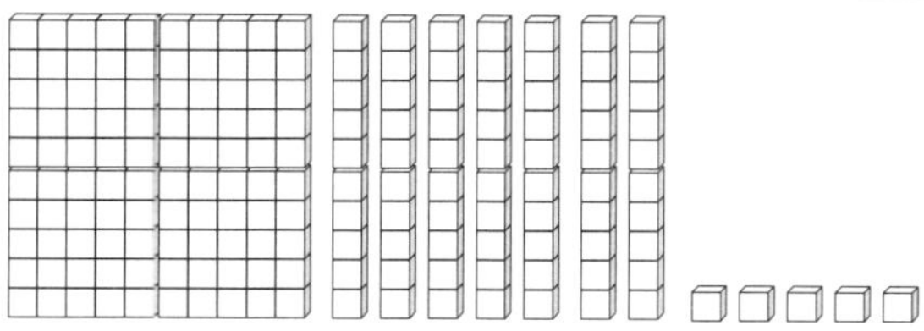	□ IIIII II ⁙
HT ZT ET H Z E: 1 7 5 0 0 0	H Z E: _ _ _
einhundertfünfundsiebzig*tausend*	

HT	ZT	ET	H	Z	E
1	7	5	0	0	0

H	Z	E

b)

321 000	
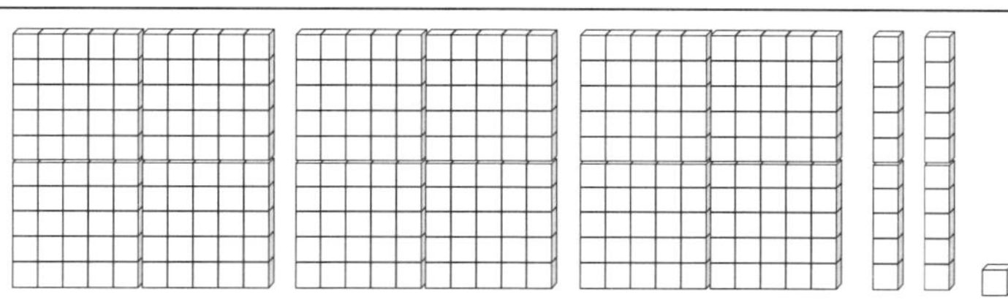	
HT ZT ET H Z E: _ _ _ _ _ _	H Z E: 3 2 1

HT	ZT	ET	H	Z	E

H	Z	E
3	2	1

c)

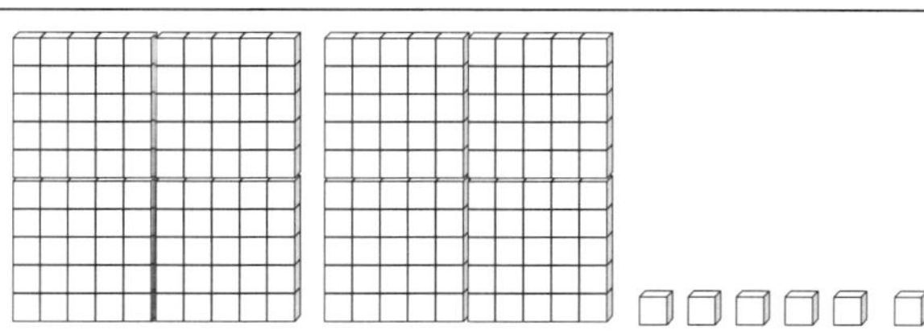	□□ ⁙•
HT ZT ET H Z E: _ _ _ _ _ _	H Z E: _ _ _

HT	ZT	ET	H	Z	E

H	Z	E

2 Schreibe in Ziffern.

siebenhundertfünfzigtausenddreihundertacht ________

dreihundertachttausendsiebenhundertfünfzig ________

neunhundertachtzigtausendvierundfünfzig ________

3 Lies die Zahlen vor:

a) 845 613 b) 613 845

c) 520 025 d) 25 520

e) 407 600 f) 600 407

1 Zähle weiter.

a) in 100 000er-Schritten: 100 000, 200 000, ________, ________, ________

b) in 10 000er-Schritten: 510 000, 520 000, ________, ________, ________

c) in Tausender-Schritten: 651000, ________, ________, ________, ________

2 Runde auf Hunderttausender.

a) 674 839

Nachbarhunderttausender:

________ und ________.

674 839 ist rund ________.

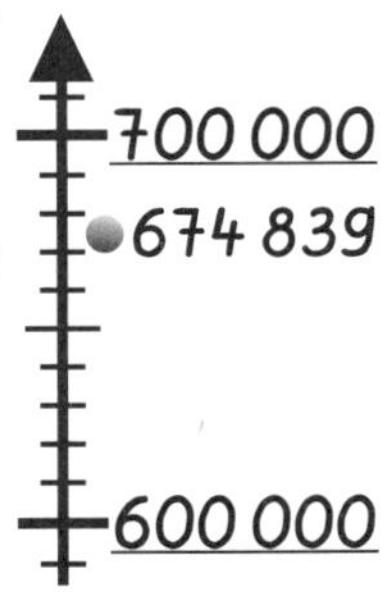

b) 419 578

Nachbarhunderttausender:

________ und ________.

419 578 ist rund ________.

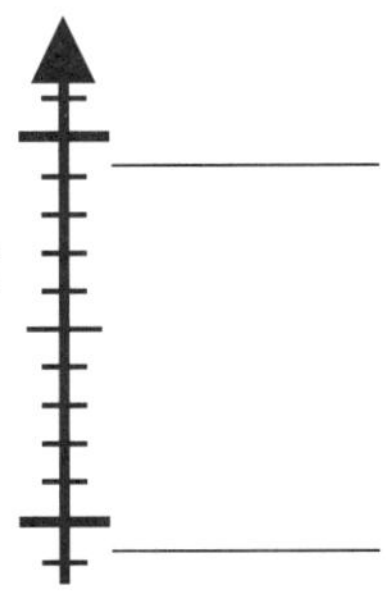

c) 268 951

Nachbarhundertausender:

________ und ________.

268 951 ist rund ________.

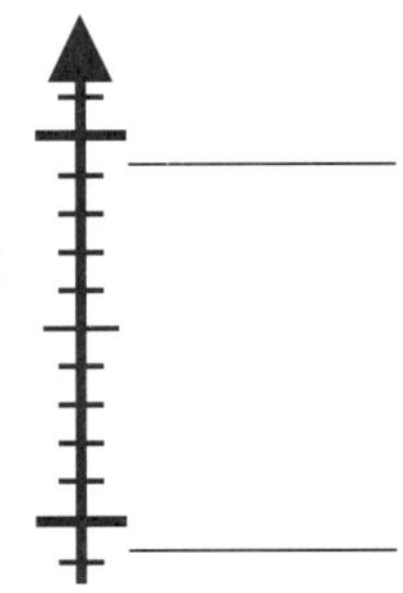

3 Runde auf Zehntausender.

a) 674 839

Nachbarzehntausender:

________ und ________.

674 839 ist rund ________.

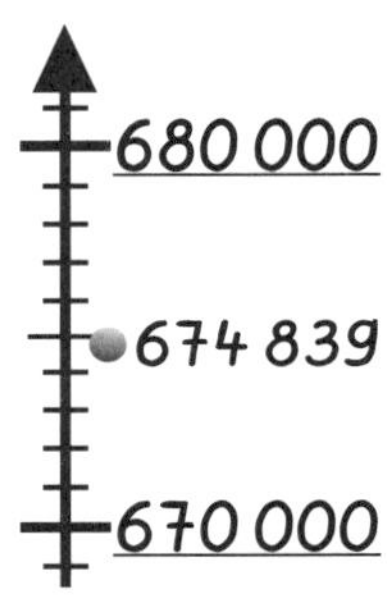

b) 827 147

Nachbarzehntausender:

________ und ________.

827 147 ist rund ________.

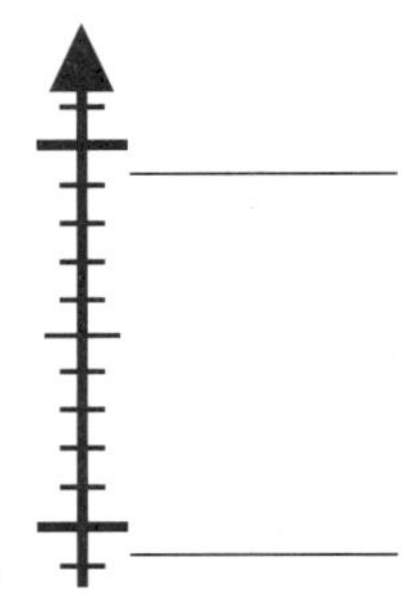

c) 419 578

Nachbarzehntausender:

________ und ________.

419 578 ist rund ________.

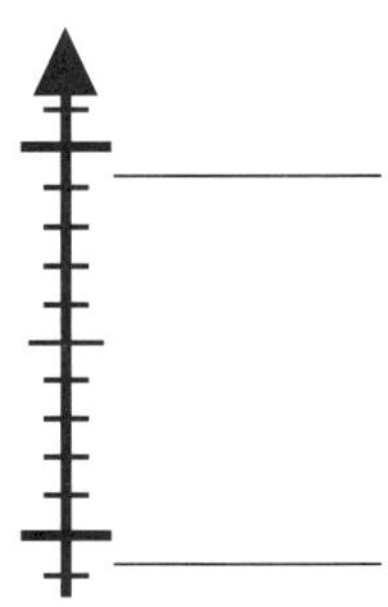

d) 268 951

Nachbarzehntausender:

________ und ________.

268 951 ist rund ________.

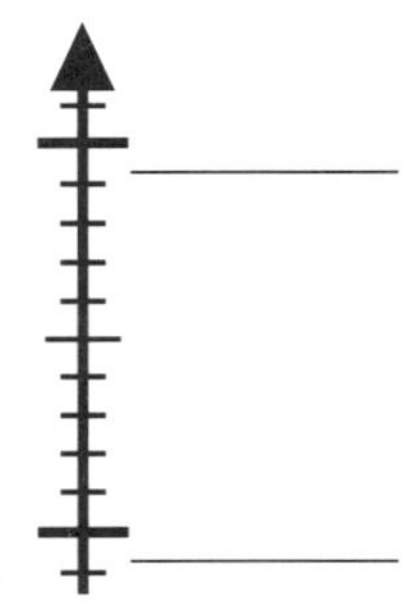

4 Runde auf Hunderttausender.

a) 193 654 ________
b) 237 987 ________
c) 368 321 ________
d) 406 741 ________
e) 571 852 ________
f) 619 963 ________

5 Runde auf Zehntausender.

a) 193 654 ________
b) 237 987 ________
c) 368 321 ________
d) 406 741 ________
e) 571 852 ________
f) 619 963 ________

1 Was fällt dir auf?

a)

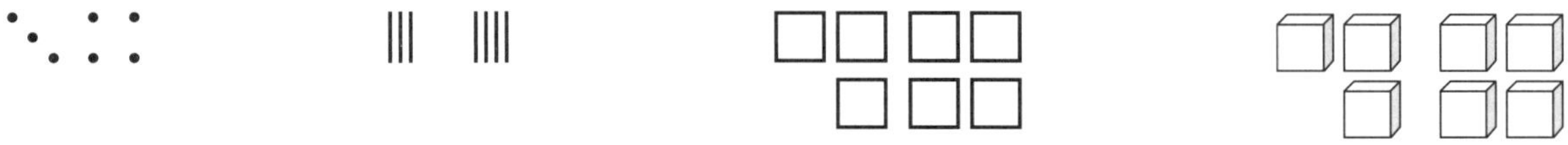

3 + 4 = ___ 30 + 40 = ___ 300 + 400 = ___ 3 000 + 4 000 = ___

b)

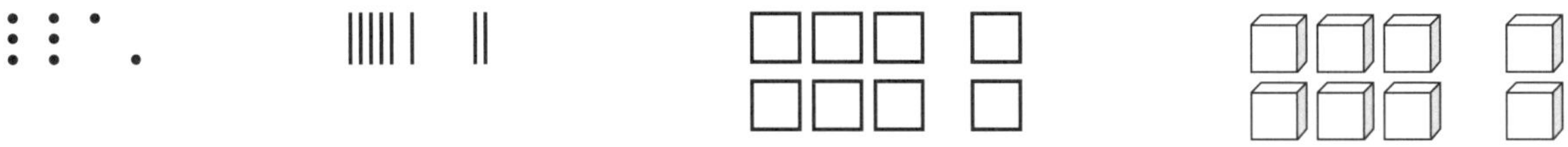

6 + 2 = ___ 60 + 20 = ___ 600 + 200 = ___ 6 000 + 2 000 = ___

2

a)	b)	c)
4 + 5 = ___	7 + 2 = ___	3 + 6 = ___
400 + 500 = ___	700 + 200 = ___	3 000 + 6 000 = ___
d)	**e)**	**f)**
8 + 1 = ___	5 + 3 = ___	4 + 3 = ___
800 + 100 = ___	500 + 300 = ___	4 000 + 3 000 = ___

3 Achte auf die Zehner.

a)

40 + 40 = ___

140 + 40 = ___

340 + 40 = ___

1 040 + 40 = ___

b)

30 + 60 = ___

130 + 60 = ___

430 + 60 = ___

1 030 + 60 = ___

c)

70 + 20 = ___

270 + 20 = ___

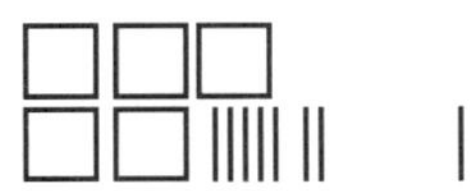

570 + 20 = ___

2 070 + 20 = ___

4

a)	b)	c)	d)
50 + 40 = ___	80 + 10 = ___	10 + 60 = ___	40 + 20 = ___
150 + 40 = ___	180 + 10 = ___	110 + 60 = ___	1040 + 20 = ___
250 + 40 = ___	280 + 10 = ___	210 + 60 = ___	2040 + 20 = ___
350 + 40 = ___	380 + 10 = ___	310 + 60 = ___	3040 + 20 = ___
450 + 40 = ___	480 + 10 = ___	410 + 60 = ___	4040 + 20 = ___
550 + 40 = ___	580 + 10 = ___	510 + 60 = ___	5040 + 20 = ___
650 + 40 = ___	680 + 10 = ___	610 + 60 = ___	6040 + 20 = ___
750 + 40 = ___	780 + 10 = ___	710 + 60 = ___	7040 + 20 = ___
850 + 40 = ___	880 + 10 = ___	810 + 60 = ___	8040 + 20 = ___
950 + 40 = ___	980 + 10 = ___	910 + 60 = ___	9040 + 20 = ___

Wenn das Arbeitsblatt im 3. Schuljahr eingesetzt wird, werden die Aufgaben mit den Tausendern weggelassen.

1 Was fällt dir auf?

a)

200 + 300 = ____	230 + 300 = ____	250 + 300 = ____	280 + 300 = ____

b)

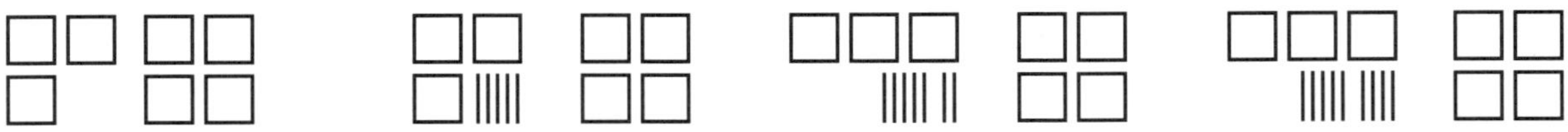

300 + 400 = ____	350 + 400 = ____	370 + 400 = ____	390 + 400 = ____

2 Lege und rechne.

a)	b)	c)	d)
510 + 200 = ____	320 + 300 = ____	230 + 400 = ____	340 + 500 = ____
520 + 200 = ____	330 + 300 = ____	240 + 400 = ____	350 + 500 = ____
530 + 200 = ____	340 + 300 = ____	250 + 400 = ____	360 + 500 = ____
540 + 200 = ____	350 + 300 = ____	260 + 400 = ____	370 + 500 = ____
550 + 200 = ____	360 + 300 = ____	270 + 400 = ____	380 + 500 = ____
560 + 200 = ____	370 + 300 = ____	280 + 400 = ____	390 + 500 = ____

3 Was fällt dir auf?

a)

130 + 200 = ____	230 + 200 = ____	330 + 200 = ____	430 + 200 = ____

b)

170 + 400 = ____	270 + 400 = ____	370 + 400 = ____	470 + 400 = ____

4 Lege und rechne.

a)	b)	c)	d)
120 + 300 = ____	280 + 400 = ____	160 + 500 = ____	790 + 200 = ____
220 + 300 = ____	380 + 400 = ____	260 + 500 = ____	690 + 200 = ____
420 + 300 = ____	480 + 400 = ____	360 + 500 = ____	590 + 200 = ____
620 + 300 = ____	580 + 400 = ____	460 + 500 = ____	490 + 200 = ____

5 Überlege und rechne.

a)	b)	c)	d)
600 + 300 = ____	140 + 300 = ____	250 + 400 = ____	190 + 500 = ____
620 + 300 = ____	140 + 400 = ____	350 + 400 = ____	280 + 500 = ____
640 + 300 = ____	140 + 500 = ____	450 + 400 = ____	370 + 500 = ____
660 + 300 = ____	140 + 600 = ____	550 + 400 = ____	460 + 500 = ____
680 + 300 = ____	140 + 700 = ____	650 + 400 = ____	550 + 500 = ____

1 Das kannst du schon.

a) 5 + 3 = ___
500 + 300 = ___
520 + 300 = ___
250 + 30 = ___

b) 3 + 2 = ___
300 + 200 = ___
340 + 200 = ___
430 + 20 = ___

c) 6 + 2 = ___
600 + 200 = ___
670 + 200 = ___
760 + 20 = ___

d) 3 + 3 = ___
300 + 300 = ___
350 + 300 = ___
530 + 30 = ___

e) 3 + 6 = ___
300 + 600 = ___
360 + 600 = ___
630 + 60 = ___

f) 2 + 7 = ___
200 + 700 = ___
290 + 700 = ___
920 + 70 = ___

2 Das geht auch.

a) 330 + 250 = ___
330 + *200* = ___
___ + *50* = ___

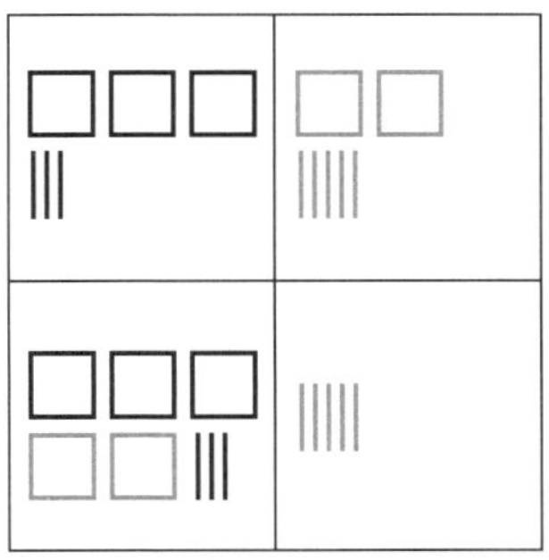

b) 270 + 120 = ___
270 + ___ = ___
___ + ___ = ___

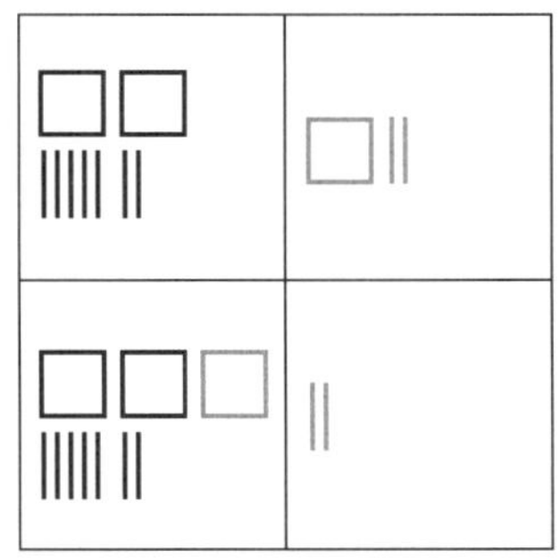

3 Zeichne und rechne.

a) 420 + 340 = ___
420 + ___ = ___
___ + ___ = ___

b) 180 + 310 = ___
180 + ___ = ___
___ + ___ = ___

4 Lege und rechne.

a) 530 + 320 = ___
530 + *300* = ___
830 + *20* = ___

b) 360 + 220 = ___
360 + ___ = ___
___ + ___ = ___

c) 640 + 230 = ___
640 + ___ = ___
___ + ___ = ___

d) 470 + 320 = ___
470 + ___ = ___
___ + ___ = ___

e) 340 + 650 = ___
340 + ___ = ___
___ + ___ = ___

f) 280 + 710 = ___
280 + ___ = ___
___ + ___ = ___

g) 160 + 830 = ___
160 + ___ = ___
___ + ___ = ___

h) 210 + 570 = ___
___ + ___ = ___
___ + ___ = ___

i) 750 + 110 = ___
___ + ___ = ___
___ + ___ = ___

1 Wie viel fehlt zum nächsten Hunderter?

a) ||||| || ☐
70 + ____ = 100

b) □ ||||| || ☐
170 + ____ = 200

c) □□ ||||| || ☐
270 + ____ = 300

d) 370 + ____ = 400

e) 470 + ____ = 500

f) 570 + ____ = 600

2

a) |||| ☐
40 + ____ = 100

b) □ |||| ☐
140 + ____ = 200

c) □□ |||| ☐
240 + ____ = 300

d) 640 + ____ = 700

e) 740 + ____ = 800

f) 840 + ____ = 900

3 Ergänze zum Hunderter.

a) 620 + ____ = 700
520 + ____ = 600
420 + ____ = 500
320 + ____ = 400
220 + ____ = 300

b) 250 + ____ = 300
350 + ____ = 400
450 + ____ = 500
550 + ____ = 600
650 + ____ = 700

c) 190 + ____ = 200
390 + ____ = 400
590 + ____ = 600
790 + ____ = 800
990 + ____ = 1 000

4 Zurück zum Hunderter.

a) □ ||||| |
160 – ____ = 100

b) □□ ||||| |
260 – ____ = 200

c) □□□ ||||| |
260 – ____ = 300

d) 460 – ____ = 400

e) 560 – ____ = 500

f) 660 – ____ = 600

5

a) □ ||||| |||
180 – ____ = 100

b) □□ ||||| |||
280 – ____ = 200

c) □□□ ||||| |||
380 – ____ = 300

d) 780 – ____ = 700

e) 880 – ____ = 800

f) 980 – ____ = 900

6 Zurück zum Hunderter.

a) 720 – ____ = 700
620 – ____ = 600
520 – ____ = 500
420 – ____ = 400
320 – ____ = 300

b) 260 – ____ = 200
360 – ____ = 300
460 – ____ = 400
560 – ____ = 500
760 – ____ = 700

c) 350 – ____ = 300
450 – ____ = 400
550 – ____ = 500
650 – ____ = 600
850 – ____ = 800

d) 190 – ____ = 100
390 – ____ = 300
590 – ____ = 500
790 – ____ = 700
990 – ____ = 900

7 Vor und zurück zum Hunderter.

a) 630 + ____ = 700
630 – ____ = 600

b) 810 – ____ = 800
810 + ____ = 900

c) 380 – ____ = 300
380 + ____ = 400

d) 540 + ____ = 600
540 – ____ = 500

1 Lege nach. Schreibe Aufgaben.

a) 180 + 70 = ____

180 + 20 = 200

200 + 50 = ____

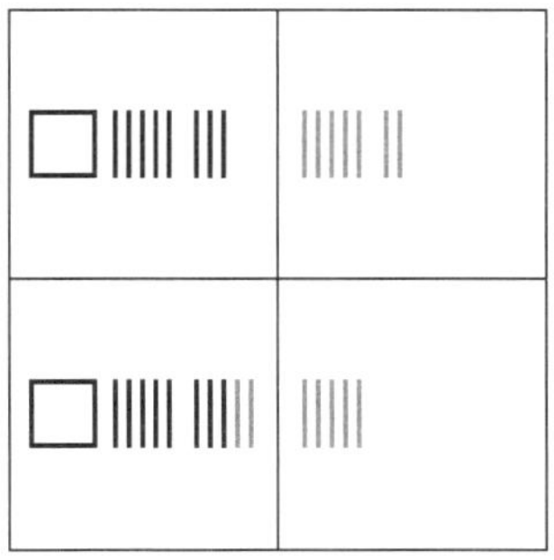

b) ____ + ____ = ____

____ + ____ = ____

____ + ____ = ____

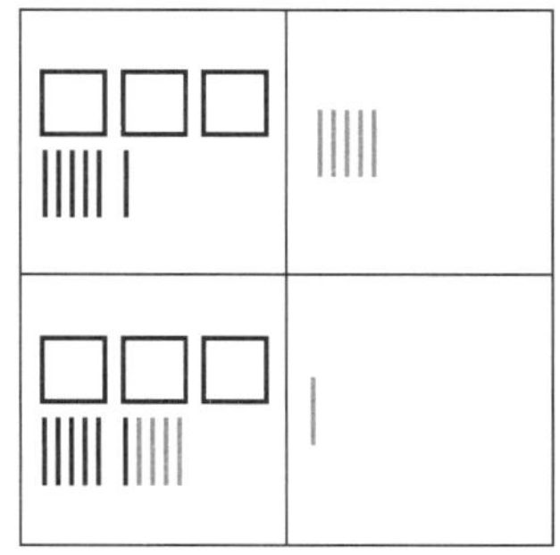

c) ____ + ____ = ____

____ + ____ = ____

____ + ____ = ____

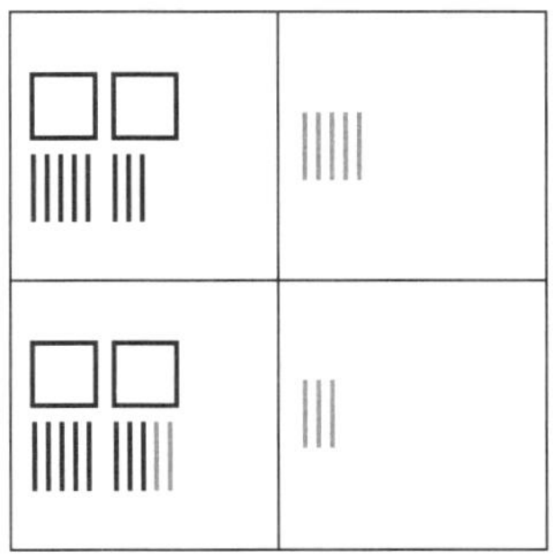

d) ____ + ____ = ____

____ + ____ = ____

____ + ____ = ____

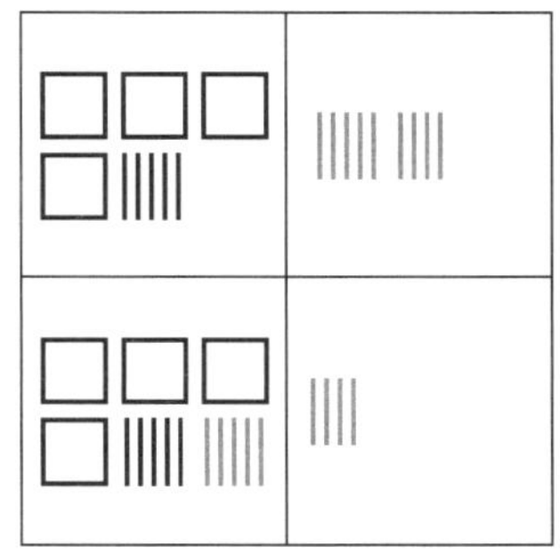

2 Zeichne und rechne.

a) 380 + 90 = ____

380 + 20 = 400

400 + 70 = ____

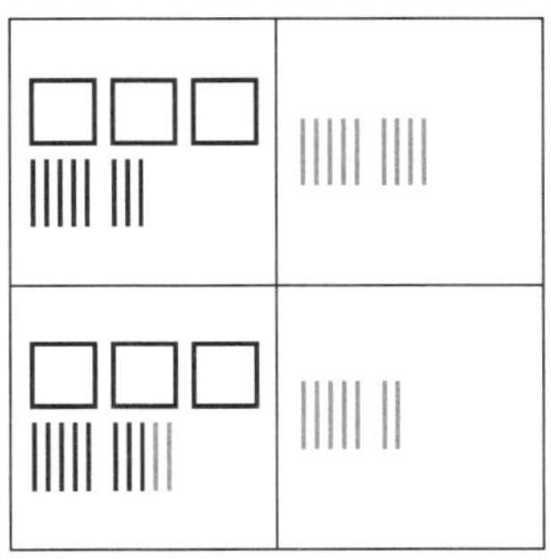

b) 450 + 70 = ____

____ + ____ = ____

____ + ____ = ____

c) 190 + 60 = ____

____ + ____ = ____

____ + ____ = ____

d) 560 + 70 = ____

____ + ____ = ____

____ + ____ = ____

3 Rechne in Schritten.

a) 670 + 40 = ____
____ + ____ = ____
____ + ____ = ____

b) 380 + 50 = ____
____ + ____ = ____
____ + ____ = ____

c) 890 + 70 = ____
____ + ____ = ____
____ + ____ = ____

d) 760 + 90 = ____
____ + ____ = ____
____ + ____ = ____

e) 580 + 80 = ____
____ + ____ = ____
____ + ____ = ____

f) 480 + 60 = ____
____ + ____ = ____
____ + ____ = ____

1 Wie viel fehlt zum nächsten Hunderter?

380 + ___ = 400

480 + ___ = 500

580 + ___ = 600

680 + ___ = 700

780 + ___ = 800

880 + ___ = 900

2 Das kannst du auch.

a) 380 + 60 = ___

380 + 20 = 400

400 + 40 = ___

b) 380 + 80 = ___

___ + ___ = ___

___ + ___ = ___

c) 480 + 70 = ___

____

____

d) 580 + 60 = ___

____

____

3 Wie viel fehlt?

260 + ___ = 300

360 + ___ = 400

460 + ___ = 500

560 + ___ = 600

660 + ___ = 700

760 + ___ = 800

4 Das kannst du dann auch.

a) 260 + 70 = ___

260 + ___ = 300

___ + ___ = ___

b) 460 + 50 = ___

___ + ___ = ___

___ + ___ = ___

c) 560 + 80 = ___

___ + ___ = ___

___ + ___ = ___

d) 660 + 70 = ___

____

____

e) 760 + 60 = ___

____

____

d) 860 + 90 = ___

____

____

5 Ergänze.

170 + ___ = 200

270 + ___ = 300

370 + ___ = 400

470 + ___ = 500

570 + ___ = 600

870 + ___ = 700

6 Rechne aus.

a) 170 + 60 = ___

___ + ___ = ___

___ + ___ = ___

b) 570 + 80 = ___

____

____

c) 370 + 90 = ___

____

____

d) 570 + 50 = ___

____

____

e) 870 + 70 = ___

____

____

f) 270 + 40 = ___

____

____

7 Überlege immer zuerst, wie viel zum nächsten Hunderter fehlt.

a) 660 + 70 = ___

____

____

b) 380 + 60 = ___

____

____

c) 370 + 90 = ___

____

____

d) 540 + 80 = ___

____

____

e) 450 + 90 = ___

____

____

f) 350 + 60 = ___

____

____

g) 780 + 70 = ___

____

____

h) 560 + 80 = ___

____

____

i) 870 + 50 = ___

____

____

1 Das kannst du schon.

a) 470 + 200 = ___
670 + 50 = ___
670 + 30 = 700
700 + 20 = ___

b) 380 + 500 = ___
880 + 60 = ___
___
___

c) 260 + 300 = ___
560 + 80 = ___
___
___

d) 590 + 100 = ___
690 + 30 = ___
___
___

e) 650 + 200 = ___
850 + 70 = ___
___
___

f) 140 + 600 = ___
740 + 90 = ___
___
___

2 Das geht auch.

a) 470 + 250 = ___
470 + 200 = ___
670 + 30 = ___
700 + 20 = ___

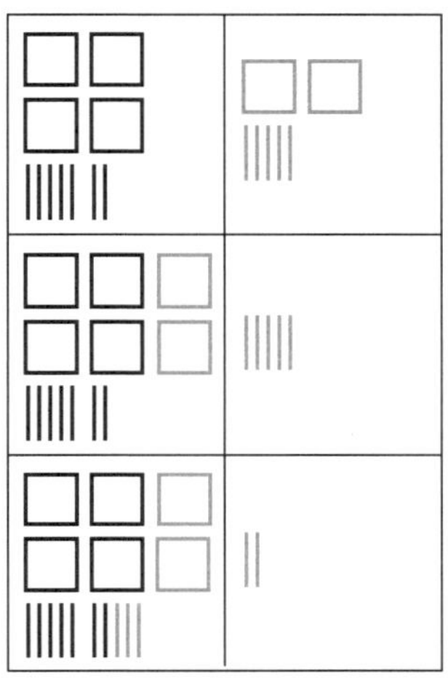

b) 260 + 380 = ___
260 + 300 = ___
___ + 40 = ___
___ + ___ = ___

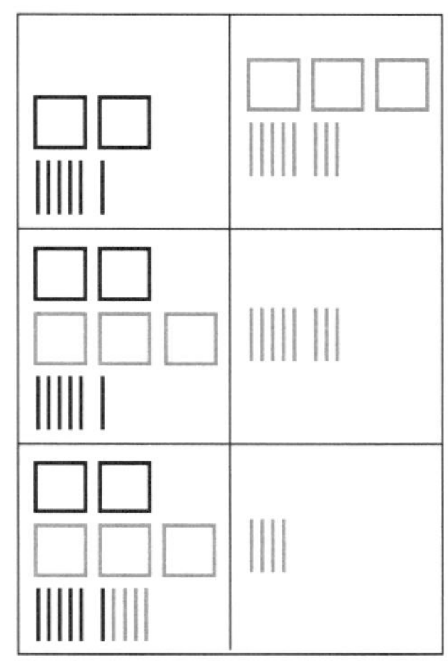

3 Zeichne und rechne.

a) 390 + 170 = ___
390 + 100 = ___
___ + 10 = ___
___ + ___ = ___

b) 350 + 360 = ___
350 + ___ = ___
___ + ___ = ___
___ + ___ = ___

4 a) 450 + 390 = ___
___
___
___

b) 560 + 270 = ___
___
___
___

c) 630 + 180 = ___
___
___
___

1 Wie hat Einstein ausgerechnet, wie viele Hundekuchen beide Hunde ungefähr zusammen haben? Erkläre.

2 Runde auf Hunderter.

a) 362 ist ungefähr 400. b) 427 ist ungefähr ______. c) 564 ist ungefähr ______.

d) 941 ist ungefähr ______. e) 186 ist ungefähr ______. f) 768 ist ungefähr ______.

3 Überschlage.

a) 362 + 427 ist etwa ______.
362 ist ungefähr 400.
427 ist ungefähr 400.
400 + 400 = 800

b) 564 + 128 ist etwa ______.
564 ist ungefähr ______.
128 ist ungefähr ______.
______ + ______ = ______

c) 299 + 513 ist etwa ______.
299 ist ungefähr ______.
513 ist ungefähr ______.
______ + ______ = ______

4 Runde auf Tausender.

a) 7 461 ist ungefähr 7 000. b) 1 639 ist ungefähr ______.

c) 4 399 ist ungefähr ______. d) 5 972 ist ungefähr ______.

5 6 375 + 2 546 rechnet niemand im Kopf. Überschlagen kannst du aber leicht im Kopf: 6 000 + 3 000 = 9 000. Suche Überschlag-Aufgaben, die du im Kopf lösen kannst.

a) 4 391 + 2 612 ist etwa 4 000 + ______ = ______

b) 1 635 + 5 229 ist etwa ______ + ______ = ______

c) 3 782 + 2 134 ist etwa ______ + ______ = ______

d) 6 411 + 3 547 ist etwa ______ + ______ = ______

6 Überschlage im Kopf.

a) 316 + 243 ist etwa 500.
468 + 521 ist etwa ______.
827 + 111 ist etwa ______.
696 + 254 ist etwa ______.

b) 7 183 + 1 746 ist etwa ______.
3 274 + 3 588 ist etwa ______.
2 323 + 5 465 ist etwa ______.
4 871 + 4 139 ist etwa ______.

1 Wie viel ist es zusammen? Lege. Rechne schriftlich.

a) 246 + 321, Ü: ____ + ____ = ____

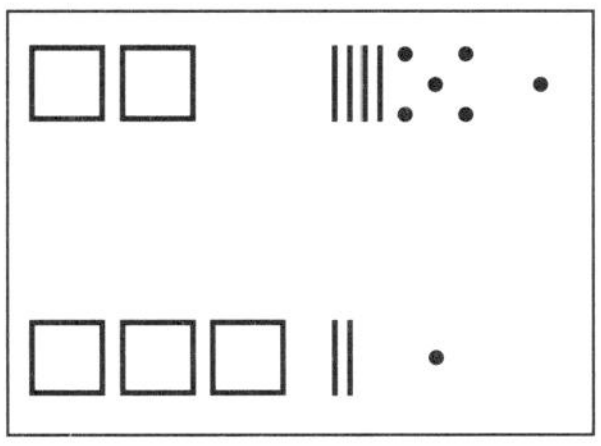

	H	Z	E
	2	4	6
+	3	2	1
	5	6	7

b) 138 + 230, Ü: ____ + ____ = ____

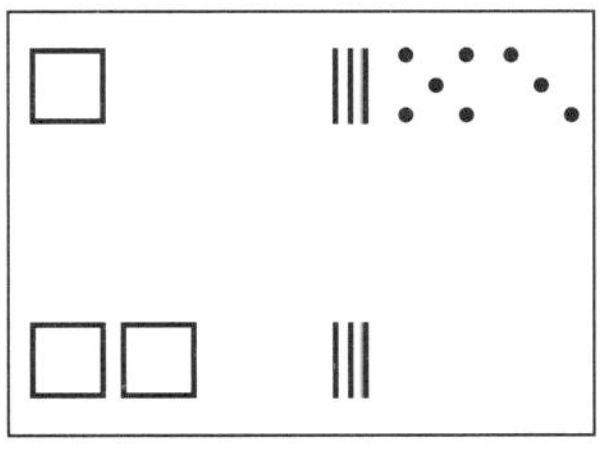

	H	Z	E
	1	3	8
+	2	3	0

c) 563 + 304, Ü: ____ + ____ = ____

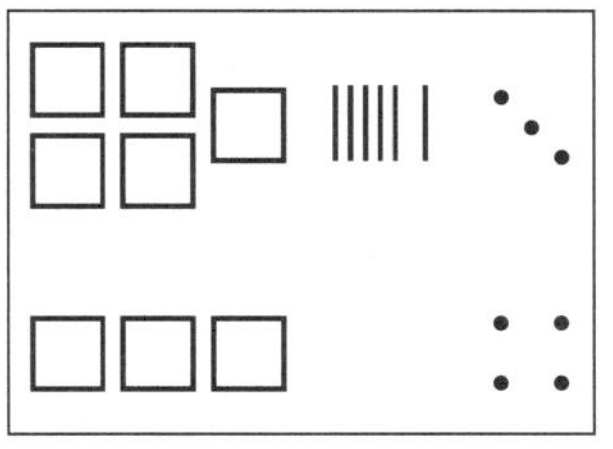

	H	Z	E
	5	6	3
+	3	0	4

2 a) 154 + 245, Ü: ____ + ____ = ____

	H	Z	E
	1	5	4
+	2	4	5
	3	9	9

b) 406 + 183, Ü: ____ + ____ = ____

	H	Z	E
	4	0	6
+	1	8	3

c) 237 + 252, Ü: ____ + ____ = ____

	H	Z	E
	2	3	7
+	2	5	2

d) 460 + 320, Ü: ____ + ____ = ____

	H	Z	E
	4	6	0
+	3	2	0

3 Überschlage, dann rechne schriftlich. Vergleiche das Ergebnis mit dem Überschlag.

a) 123 + 234, Ü: ____ + ____ = ____

	H	Z	E
+			

b) 345 + 450, Ü: ____ + ____ = ____

	H	Z	E
+			

c) 303 + 550, Ü: ____ + ____ = ____

	H	Z	E
+			

d) 444 + 432, Ü: ____ + ____ = ____

	H	Z	E
+			

1 Wie viel ist es zusammen? Lege. Rechne schriftlich.

a) 246 + 327, Ü: 200 + 300 = 500

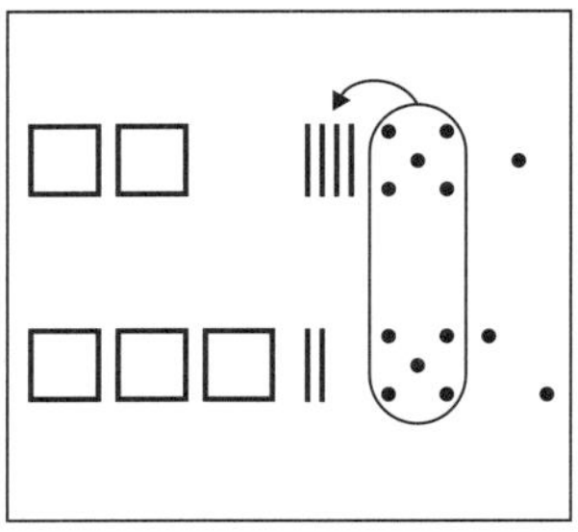

	H	Z	E
	2	4	6
+	3	2	7
		1	
	5	7	3

b) 138 + 236, Ü: ____ + ____ = ____

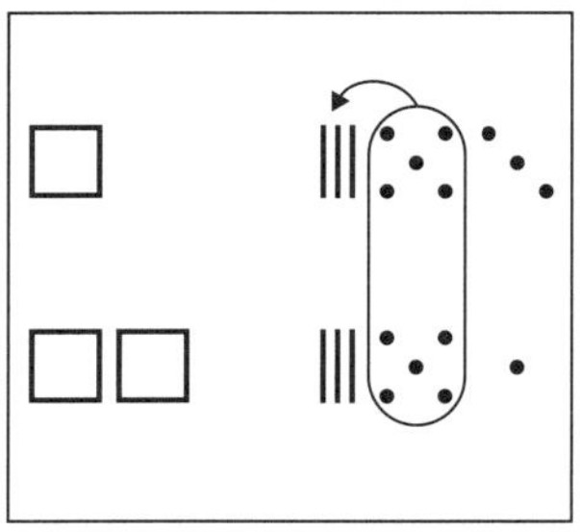

	H	Z	E
	1	3	8
+	2	3	6
		1	

c) 392 + 256, Ü: ____ + ____ = ____

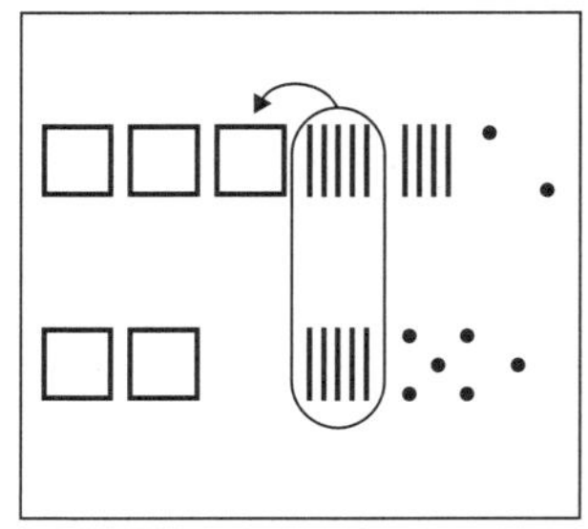

	H	Z	E
	3	9	2
+	2	5	6
	1		

2 a) 344 + 229, Ü: ____ + ____ = ____

	H	Z	E
	3	4	4
+	2	2	9
		1	
	5	7	3

b) 305 + 467, Ü: ____ + ____ = ____

	H	Z	E
	3	0	5
+	4	6	7

c) 481 + 272, Ü: ____ + ____ = ____

	H	Z	E
	4	8	1
+	2	7	2

d) 160 + 590, Ü: ____ + ____ = ____

	H	Z	E
	1	6	0
+	5	9	0

3 Rechne schriftlich. Überschlage im Kopf, ob das Ergebnis richtig sein kann.

a) 328 + 459

	H	Z	E
+			

b) 581 + 248

	H	Z	E
+			

c) 455 + 450

	H	Z	E
+			

d) 607 + 308

	H	Z	E
+			

1 Was fällt dir auf?

a)

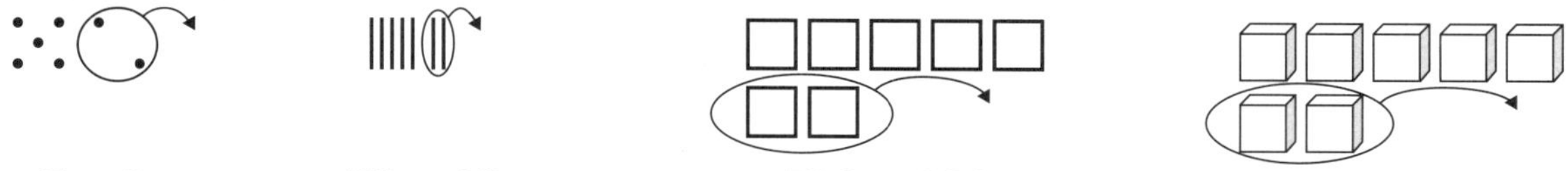

7 – 2 = ___ 70 – 20 = _____ 700 – 200 = _____ 7 000 – 2 000 = _______

b)

3 – 1 = ___ 30 – 10 = _____ 300 – 100 = _____ 3 000 – 1 000 = _______

2

a) 5 – 4 = _______	b) 9 – 2 = _______	c) 9 – 6 = _______
500 – 400 = _______	900 – 200 = _______	9 000 – 6 000 = _______
d) 8 – 1 = _______	e) 5 – 3 = _______	f) 6 – 2 = _______
800 – 100 = _______	500 – 300 = _______	6 000 – 2 000 = _______

3 Achte auf die Zehner.

a) b) c)

a)	b)	c)
80 – 40 = _______	90 – 60 = _______	70 – 20 = _______

180 – 40 = _______	190 – 60 = _______	270 – 20 = _______

380 – 40 = _______	490 – 60 = _______	570 – 20 = _______

1 080 – 40 = _______	1 090 – 60 = _______	2 070 – 20 = _______

4

a)	b)	c)	d)
90 – 40 = ______	80 – 10 = ______	70 – 60 = ______	40 – 20 = ______
190 – 40 = ______	180 – 10 = ______	170 – 60 = ______	1 040 – 20 = ______
290 – 40 = ______	280 – 10 = ______	270 – 60 = ______	2 040 – 20 = ______
390 – 40 = ______	380 – 10 = ______	370 – 60 = ______	3 040 – 20 = ______
490 – 40 = ______	480 – 10 = ______	470 – 60 = ______	4 040 – 20 = ______
590 – 40 = ______	580 – 10 = ______	570 – 60 = ______	5 040 – 20 = ______
690 – 40 = ______	680 – 10 = ______	670 – 60 = ______	6 040 – 20 = ______
790 – 40 = ______	780 – 10 = ______	770 – 60 = ______	7 040 – 20 = ______
890 – 40 = ______	880 – 10 = ______	870 – 60 = ______	8 040 – 20 = ______
990 – 40 = ______	980 – 10 = ______	970 – 60 = ______	9 040 – 20 = ______

Wenn das Arbeitsblatt im 3. Schuljahr eingesetzt wird, werden die Aufgaben mit den Tausendern weggelassen.

1 Was fällt dir auf?

a)

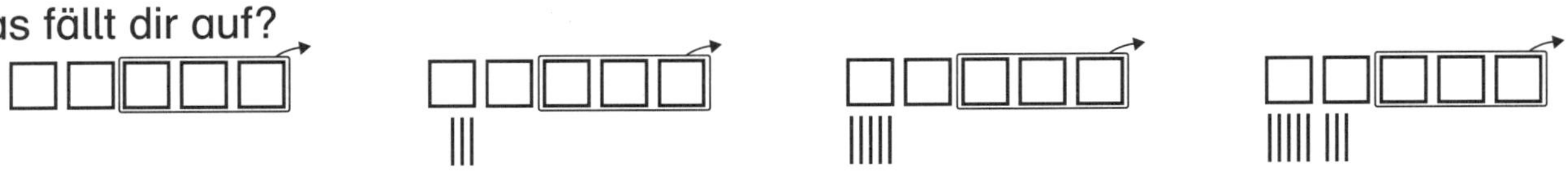

500 – 300 = ____ 530 – 300 = ____ 550 – 300 = ____ 580 – 300 = ____

b)

700 – 400 = ____ 750 – 400 = ____ 770 – 400 = ____ 790 – 400 = ____

2 Lege und rechne.

a)	b)	c)	d)
510 – 200 = ____	620 – 300 = ____	930 – 400 = ____	840 – 500 = ____
520 – 200 = ____	630 – 300 = ____	940 – 400 = ____	850 – 500 = ____
530 – 200 = ____	640 – 300 = ____	950 – 400 = ____	860 – 500 = ____
540 – 200 = ____	650 – 300 = ____	960 – 400 = ____	870 – 500 = ____
550 – 200 = ____	660 – 300 = ____	970 – 400 = ____	880 – 500 = ____
560 – 200 = ____	670 – 300 = ____	980 – 400 = ____	890 – 500 = ____

3 Was fällt dir auf?

a)

330 – 200 = ____ 430 – 200 = ____ 530 – 200 = ____ 630 – 200 = ____

b)

570 – 400 = ____ 670 – 400 = ____ 770 – 400 = ____ 870 – 400 = ____

4 Lege und rechne.

a)	b)	c)	d)
420 – 300 = ____	580 – 400 = ____	660 – 500 = ____	990 – 200 = ____
520 – 300 = ____	680 – 400 = ____	760 – 500 = ____	890 – 200 = ____
620 – 300 = ____	780 – 400 = ____	860 – 500 = ____	790 – 200 = ____
720 – 300 = ____	880 – 400 = ____	960 – 500 = ____	690 – 200 = ____

5 Überlege und rechne.

a)	b)	c)	d)
900 – 300 = ____	440 – 300 = ____	650 – 400 = ____	690 – 500 = ____
920 – 300 = ____	540 – 400 = ____	750 – 400 = ____	880 – 500 = ____
940 – 300 = ____	640 – 500 = ____	850 – 400 = ____	870 – 500 = ____
960 – 300 = ____	740 – 600 = ____	950 – 400 = ____	960 – 500 = ____
980 – 300 = ____	840 – 700 = ____	1 050 – 400 = ____	1 050 – 500 = ____

1 Das kannst du schon.

a) 7 – 4 = ______
700 – 400 = ______
780 – 400 = ______
870 – 40 = ______

b) 5 – 2 = ______
500 – 200 = ______
570 – 200 = ______
750 – 20 = ______

c) 6 – 2 = ______
600 – 200 = ______
630 – 200 = ______
360 – 20 = ______

d) 9 – 3 = ______
900 – 300 = ______
960 – 300 = ______
690 – 30 = ______

e) 8 – 6 = ______
800 – 600 = ______
840 – 600 = ______
480 – 60 = ______

f) 4 – 3 = ______
400 – 300 = ______
420 – 300 = ______
240 – 30 = ______

2 Das geht auch.

a) 580 – 250 = _____
580 – 200 = _____
_____ – 50 = _____

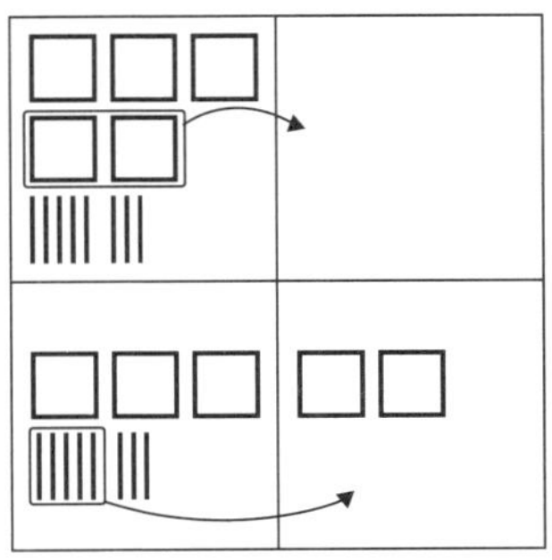

b) 270 – 120 = _____
270 – ____ = _____
____ – ____ = _____

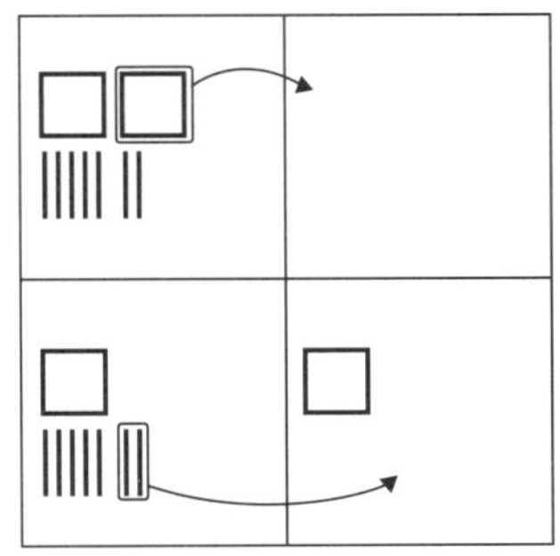

c) 650 – 230 = _____
650 – 200 = _____
_____ – 30 = _____

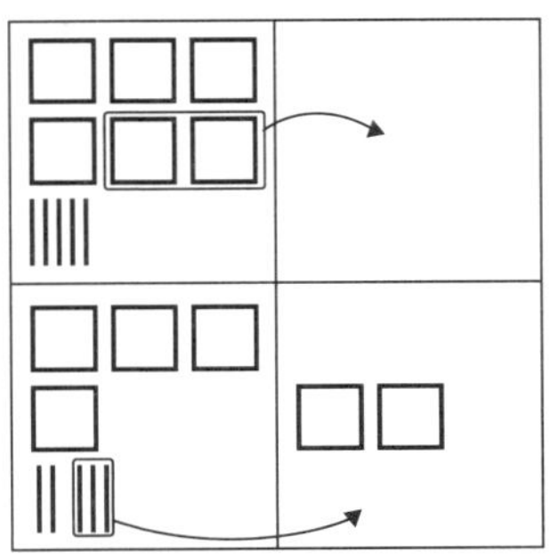

d) 460 – 360 = _____
460 – ____ = _____
____ – ____ = _____

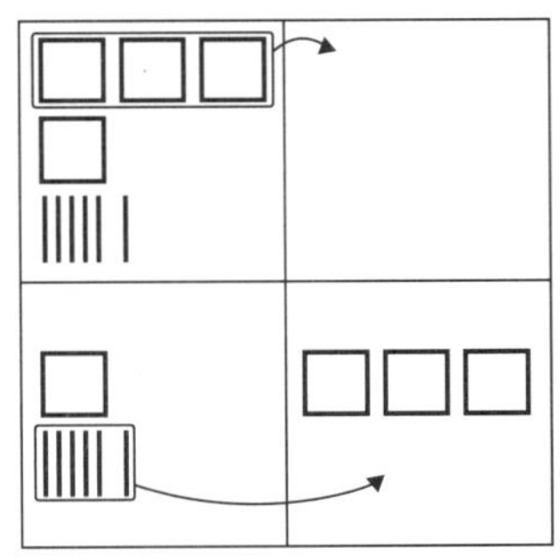

3 Zeichne und rechne.

a) 780 – 410 = _____
780 – ____ = _____
____ – ____ = _____

b) 450 – 210 = _____
450 – ____ = _____
____ – ____ = _____

c) 690 – 270 = _____
690 – ____ = _____
____ – ____ = _____

d) 560 – 130 = _____
560 – ____ = _____
____ – ____ = _____

Trainieren mit Einstein 3/4

1 Lege und rechne.

a) 620 – 500 = ____	b) 880 – 300 = ____	c) 550 – 200 = ____	d) 890 – 400 = ____
630 – 500 = ____	870 – 300 = ____	650 – 200 = ____	790 – 400 = ____
640 – 500 = ____	860 – 300 = ____	750 – 200 = ____	690 – 400 = ____
650 – 500 = ____	850 – 300 = ____	850 – 200 = ____	590 – 400 = ____
660 – 500 = ____	840 – 300 = ____	950 – 200 = ____	490 – 400 = ____

2 Lege und rechne.

a) 270 – 40 = ____	b) 880 – 60 = ____	c) 950 – 30 = ____	d) 290 – 50 = ____
370 – 40 = ____	780 – 60 = ____	960 – 30 = ____	280 – 50 = ____
470 – 40 = ____	680 – 60 = ____	970 – 30 = ____	270 – 50 = ____
570 – 40 = ____	580 – 60 = ____	980 – 30 = ____	260 – 50 = ____
670 – 40 = ____	480 – 60 = ____	990 – 30 = ____	250 – 50 = ____

3 Lege und rechne.

a) 740 – 430 = ____	b) 860 – 610 = ____	f) 230 – 130 = ____
740 – 400 = ____	860 – ____ = ____	230 – ____ = ____
340 – 30 = ____	____ – ____ = ____	____ – ____ = ____
d) 390 – 270 = ____	e) 950 – 320 = ____	f) 580 – 410 = ____
390 – ____ = ____	____ – ____ = ____	____ – ____ = ____
____ – ____ = ____	____ – ____ = ____	____ – ____ = ____
g) 460 – 140 = ____	h) 950 – 530 = ____	i) 750 – 110 = ____
____ – ____ = ____	____ – ____ = ____	____ – ____ = ____
____ – ____ = ____	____ – ____ = ____	____ – ____ = ____

4 Überlege und rechne.

a) 270 – 230 = ____	b) 880 – 330 = ____	c) 950 – 140 = ____	d) 590 – 270 = ____
360 – 230 = ____	770 – 330 = ____	960 – 240 = ____	580 – 260 = ____
450 – 230 = ____	660 – 330 = ____	970 – 340 = ____	570 – 250 = ____
540 – 230 = ____	550 – 330 = ____	980 – 440 = ____	560 – 240 = ____
630 – 230 = ____	440 – 330 = ____	990 – 540 = ____	550 – 230 = ____

e) 390 – 260 = ____	f) 230 – 120 = ____	g) 940 – 710 = ____	h) 780 – 440 = ____
570 – 350 = ____	450 – 240 = ____	850 – 530 = ____	560 – 330 = ____
750 – 440 = ____	670 – 460 = ____	760 – 350 = ____	340 – 220 = ____
930 – 530 = ____	890 – 680 = ____	670 – 170 = ____	120 – 110 = ____

1 Was fällt dir auf?

a) 10 – 4 = ____ | 100 – 40 = ____ | 300 – 40 = ____ | 400 – 40 = ____

b) 10 – 7 = ____ | 100 – 70 = ____ | 400 – 70 = ____ | 500 – 70 = ____

c) 10 – 9 = ____ | 100 – 90 = ____ | 300 – 90 = ____ | 600 – 90 = ____

2 Lege nach. Schreibe Aufgaben.

a) 120 – 80 = ____

120 – 20 = 100

100 – 60 = ____

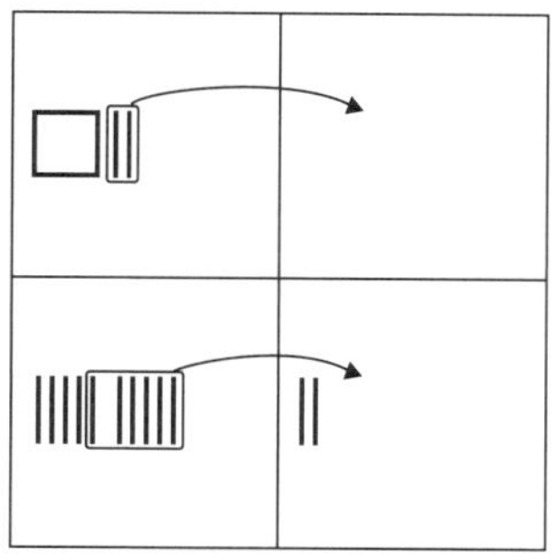

b) 340 – 80 = ____

____ – ____ = ____

____ – ____ = ____

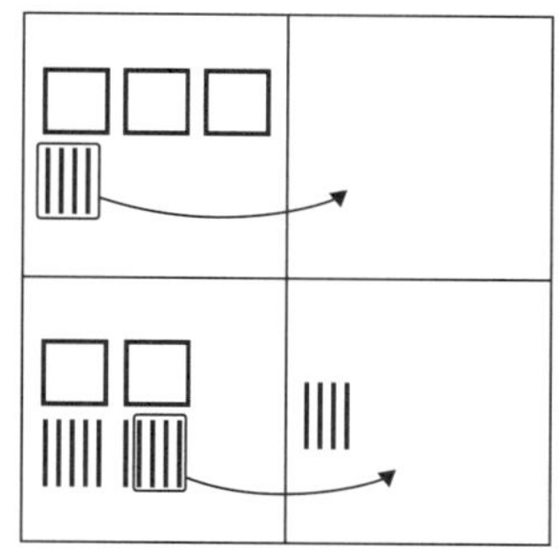

c) 230 – 60 = ____

____ – ____ = ____

____ – ____ = ____

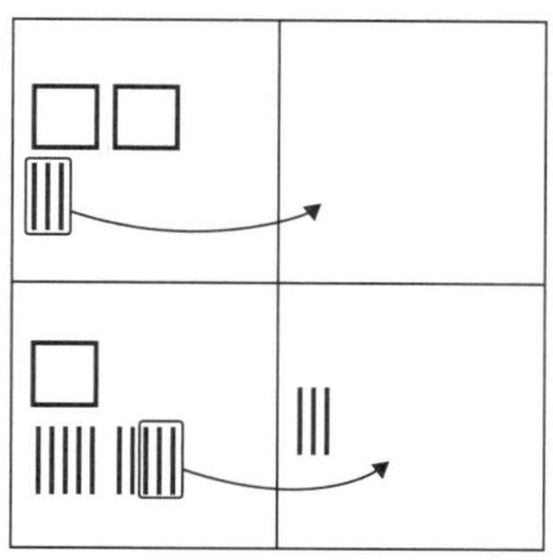

d) 460 – 80 = ____

____ – ____ = ____

____ – ____ = ____

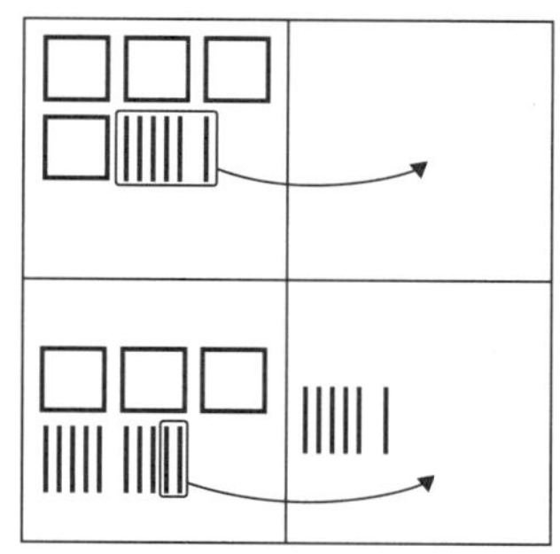

3 Zeichne und rechne.

a) 350 – 70 = ____

350 – 50 = 300

300 – 20 = ____

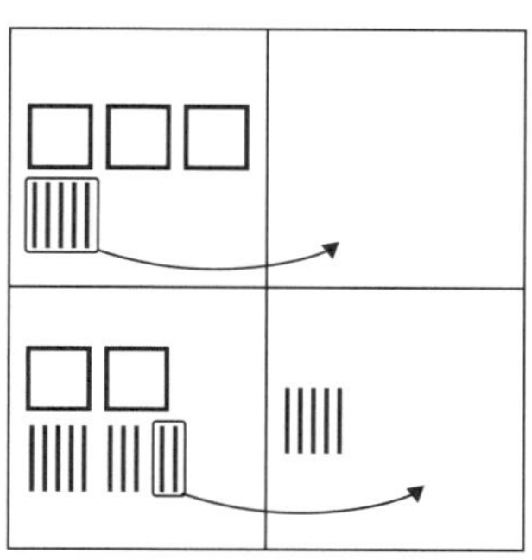

b) 430 – 90 = ____

430 – ____ = ____

400 – ____ = ____

c) 240 – 70 = ____

____ – ____ = ____

____ – ____ = ____

d) 230 – 60 = ____

____ – ____ = ____

____ – ____ = ____

Trainieren mit Einstein 3/4

1 Zurück zum Hunderter.

220 – ___ = 200
320 – ___ = 300
420 – ___ = 400
520 – ___ = 500
620 – ___ = 600
720 – ___ = 700

2 Das kannst du auch.

a) 320 – 60 = ___
320 – 20 = 300
300 – 40 = ___

b) 420 – 70 = ___
___ – ___ = ___
___ – ___ = ___

c) 520 – 80 = ___
___ – ___ = ___
___ – ___ = ___

d) 620 – 90 = ___
e) 720 – 50 = ___
f) 820 – 40 = ___

3 Zurück zum Hunderter.

340 – ___ = 300
440 – ___ = 400
540 – ___ = 500
640 – ___ = 600
740 – ___ = 700
840 – ___ = 800

4 Das kannst du dann auch.

a) 540 – 70 = ___
540 – ___ = 500
___ – ___ = ___

b) 440 – 80 = ___
___ – ___ = ___
___ – ___ = ___

c) 940 – 90 = ___
___ – ___ = ___
___ – ___ = ___

d) 840 – 60 = ___
e) 640 – 50 = ___
f) 340 – 70 = ___

5 Ergänze.

130 – ___ = 100
230 – ___ = 200
330 – ___ = 300
430 – ___ = 400
530 – ___ = 500
830 – ___ = 600

6 Rechne aus.

a) 530 – 80 = ___
___ – ___ = ___

b) 330 – 70 = ___
c) 630 – 60 = ___
d) 430 – 90 = ___
e) 830 – 50 = ___
f) 230 – 40 = ___

7 Gehe immer zuerst bis zum vorherigen Hunderter zurück.

a) 360 – 70 = ___
b) 820 – 50 = ___
c) 450 – 70 = ___
d) 530 – 80 = ___
e) 730 – 70 = ___
f) 250 – 80 = ___
g) 630 – 50 = ___
h) 520 – 40 = ___
i) 820 – 60 = ___

1 Das kannst du schon.

a) 720 – 200 = ____
520 – 50 = ____
520 – 20 = 500
500 – 30 = ____

b) 940 – 500 = ____
440 – 60 = ____
____
____

c) 640 – 300 = ____
340 – 80 = ____
____
____

d) 620 – 100 = ____
520 – 30 = ____
____
____

e) 920 – 200 = ____
720 – 70 = ____
____
____

f) 830 – 600 = ____
230 – 90 = ____
____
____

2 Das geht auch.

a) 720 – 250 = ____
720 – 200 = ____
520 – 20 = ____
500 – 30 = ____

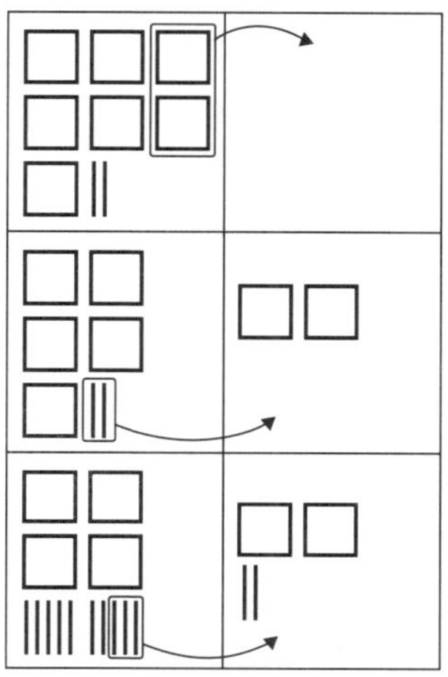

b) 640 – 380 = ____
640 – 300 = ____
____ – 40 = ____
____ – ____ = ____

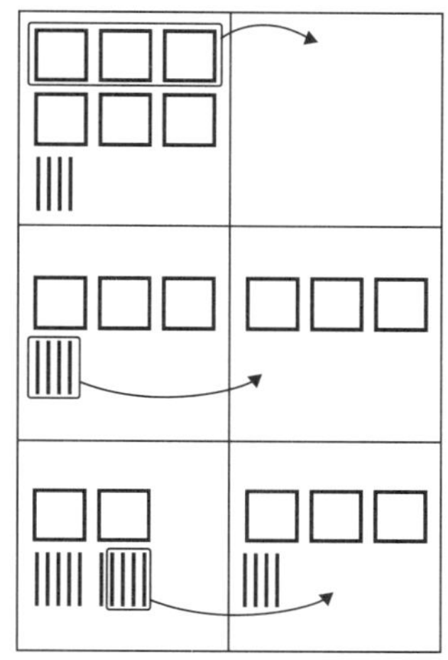

3 Zeichne und rechne.

a) 560 – 170 = ____
560 – 100 = ____
____ – 60 = ____
____ – ____ = ____

b) 710 – 360 = ____
710 – ____ = ____
____ – ____ = ____
____ – ____ = ____

4 a) 840 – 390 = ____
____
____
____

b) 730 – 170 = ____
____
____
____

c) 920 – 480 = ____
____
____
____

1 Wie hat Einstein ausgerechnet, wie viele Hundekuchen für ihn etwa übrig bleiben? Erkläre.

2 Runde auf Hunderter.

a) 739 ist ungefähr 700. b) 312 ist ungefähr ______. c) 974 ist ungefähr ______.

d) 198 ist ungefähr ______. e) 827 ist ungefähr ______. f) 463 ist ungefähr ______.

3 Überschlage.

a) 739 – 312 ist etwa ______.
739 ist ungefähr 700.
312 ist ungefähr 300.
700 – 300 = ______

b) 643 – 229 ist etwa ______.
643 ist ungefähr ______.
229 ist ungefähr ______.
______ – ______ = ______

c) 491 – 151 ist etwa ______.
498 ist ungefähr ______.
151 ist ungefähr ______.
______ – ______ = ______

4 Runde auf Tausender.

a) 3 239 ist ungefähr 3 000. b) 6 883 ist ungefähr ______.

c) 9 017 ist ungefähr ______. d) 2 342 ist ungefähr ______.

5 6 575 – 2 346 rechnet niemand im Kopf. Überschlagen kannst du aber leicht im Kopf: 7 000 – 2 000 = 5 000. Suche Überschlag-Aufgaben, die du im Kopf lösen kannst.

a) 7 003 – 2 612 ist etwa 7 000 – ______ = ______

b) 6 864 – 5 229 ist etwa ______ – ______ = ______

c) 5 016 – 2 134 ist etwa ______ – ______ = ______

d) 8 758 – 3 547 ist etwa ______ – ______ = ______

6 Überschlage im Kopf.

a) 559 – 243 ist etwa 400.
962 – 521 ist etwa ______.
827 – 111 ist etwa ______.
691 – 258 ist etwa ______.

b) 5 817 – 1 746 ist etwa ______.
6 862 – 3 588 ist etwa ______.
7 788 – 5 465 ist etwa ______.
9 014 – 4 139 ist etwa ______.

1 Wie viel bleibt übrig? Lege. Rechne schriftlich.

a) 567 – 246, Ü: ____ – ____ = ____

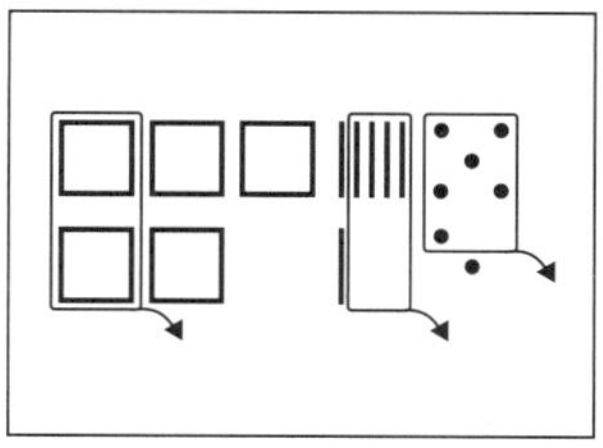

	H	Z	E
	5	6	7
–	2	4	6
	3	2	1

b) 368 – 230, Ü: ____ – ____ = ____

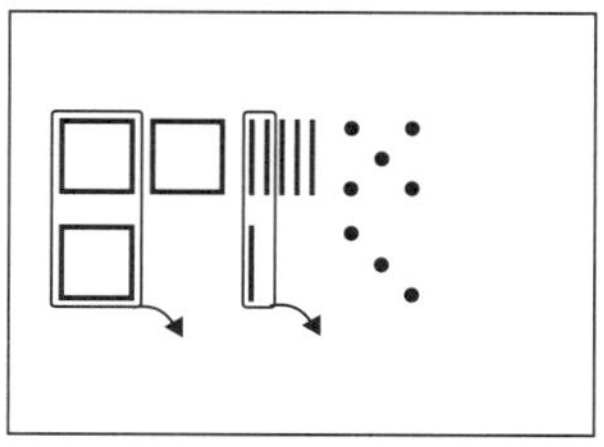

	H	Z	E
	3	6	8
–	2	3	0

c) 587 – 263, Ü: ____ – ____ = ____

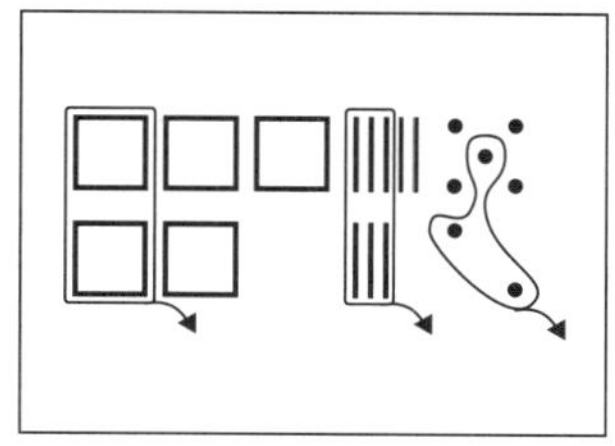

	H	Z	E
	5	8	7
–	2	6	3

2 Zeichne und rechne schriftlich.

a) 321 – 211, Ü: ____ – ____ = ____

	H	Z	E
	3	2	1
–	2	1	1
	1	1	0

b) 427 – 102, Ü: ____ – ____ = ____

	H	Z	E
	4	2	7
–	1	0	2

c) 555 – 234, Ü: ____ – ____ = ____

	H	Z	E
	5	5	5
–	2	3	4

d) 606 – 305, Ü: ____ – ____ = ____

	H	Z	E
	6	0	6
–	3	0	5

3 Überschlage, dann rechne schriftlich. Vergleiche das Ergebnis mit dem Überschlag.

a) 357 – 123, Ü: ____ – ____ = ____

	H	Z	E
–			

b) 468 – 345, Ü: ____ – ____ = ____

	H	Z	E
–			

c) 853 – 550, Ü: ____ – ____ = ____

	H	Z	E
–			

d) 876 – 432, Ü: ____ – ____ = ____

	H	Z	E
–			

1 Lege nach. Schreibe die Aufgaben auf.

a)

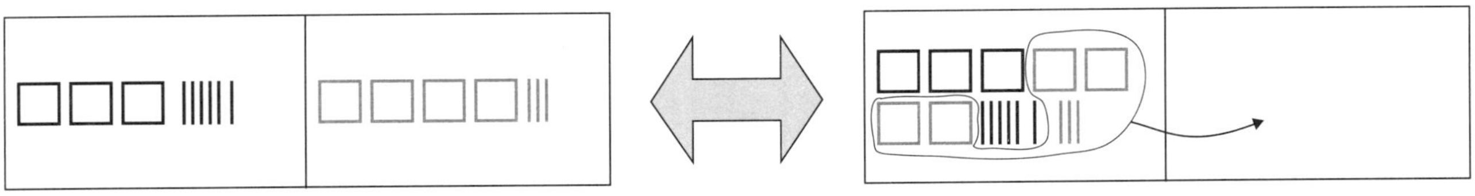

360 + 430 = ____ ____ – ____ = ____

b)

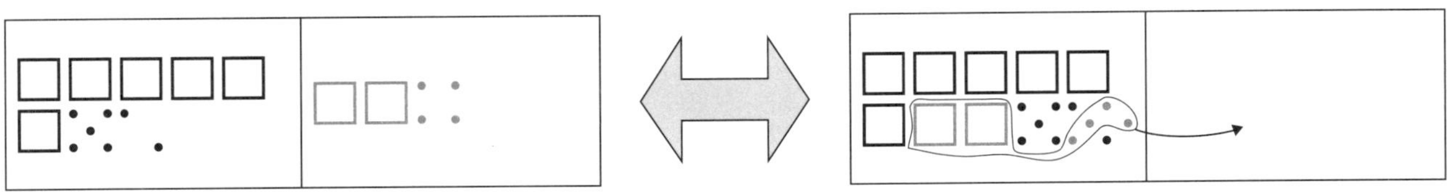

____ + ____ = ____ ____ – ____ = ____

c)

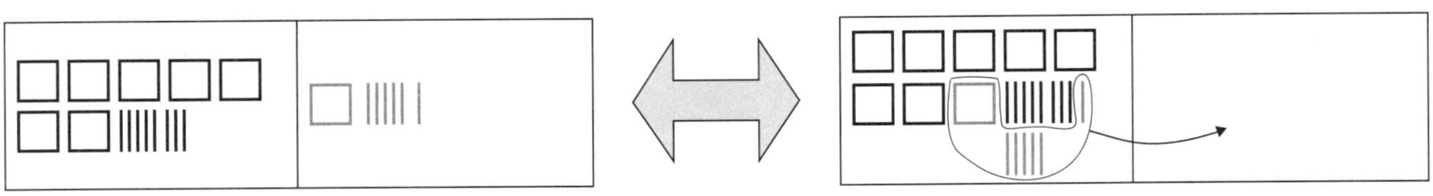

____ + ____ = ____ ____ – ____ = ____

2 Lege und schreibe die Umkehraufgaben auf. Achte auf plus und minus.

a) 620 + 340 = ____ b) 460 + 290 = ____ c) 708 – 204 = ____ d) 52 + 46 = ____

____ – ____ = ____ ____ – ____ = ____ ____ + ____ = ____ ____ – ____ = ____

e) 132 + 510 = ____ f) 873 – 120 = ____ g) 570 – 350 = ____ h) 38 – 22 = ____

____ – ____ = ____ ____ + ____ = ____ ____ + ____ = ____ ____ + ____ = ____

3 Rechne schriftlich. Rechne als Probe die Umkehraufgabe.

a) 436 – 215

	H	Z	E
–			

Probe:

	H	Z	E
+			

b) 765 – 345

	H	Z	E
–			

Probe:

	H	Z	E
+			

c) 975 – 654

	H	Z	E
–			

Probe:

	H	Z	E
+			

d) 587 – 152

	H	Z	E
–			

Probe:

	H	Z	E
+			

Trainieren mit Einstein 3/4

1 Lege mit Arbeitsmaterial. Rechne schriftlich.

a) 677 – 248, Ü: ____ – ____ = ____

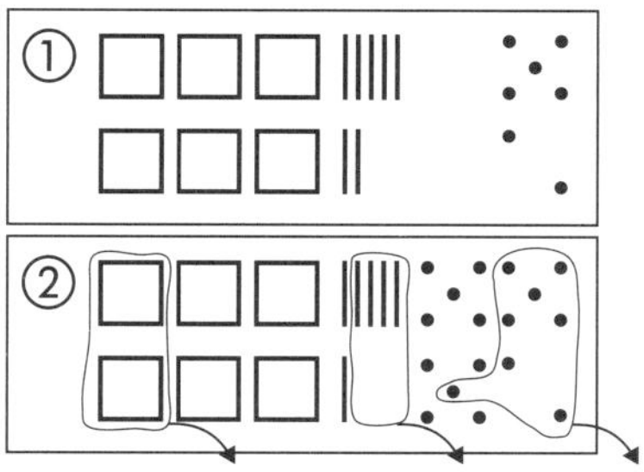

	H	Z	E
	6	7	7
–	2	4	8
		1	
	4	2	9

b) 345 – 239, Ü: ____ – ____ = ____

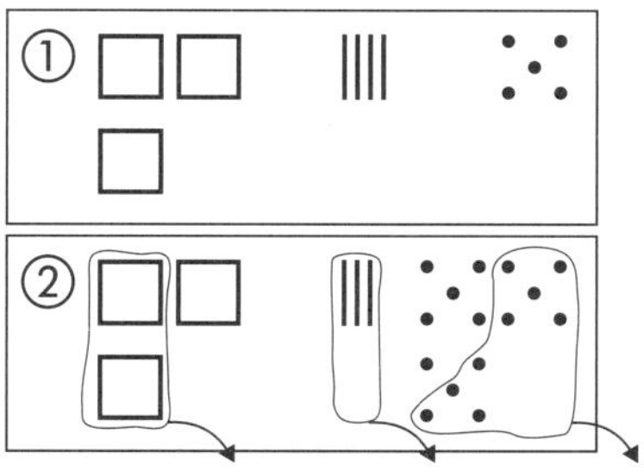

	H	Z	E
	3	4	5
–	2	3	9

c) 527 – 263, Ü: ____ – ____ = ____

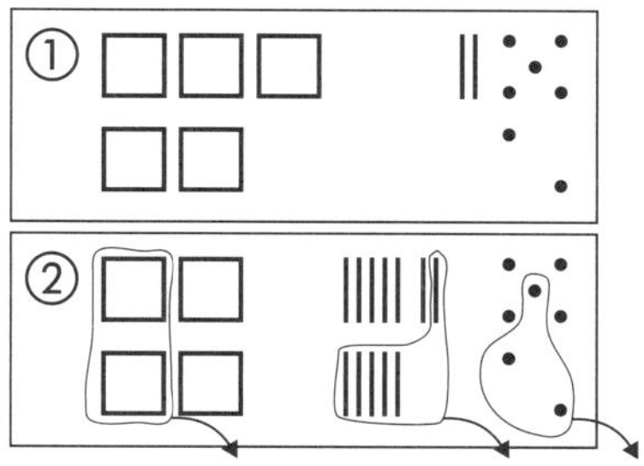

	H	Z	E
	5	2	7
–	2	6	3

2 Zeichne und rechne schriftlich.

a) 321 – 214, Ü: ____ – ____ = ____

①

②

	H	Z	E
	3	2	1
–	2	1	4

b) 427 – 135, Ü: ____ – ____ = ____

①

②

	H	Z	E
	4	2	7
–	1	3	5

c) 555 – 246, Ü: ____ – ____ = ____

①

②

	H	Z	E
	5	5	5
–	2	4	6

d) 606 – 330, Ü: ____ – ____ = ____

①

②

	H	Z	E
	6	0	6
–	3	3	0

3 a) 357 – 285 b) 524 – 316 c) 864 – 345 d) 654 – 456

Ü: ___ – ___ = ___ Ü: ___ – ___ = ___ Ü: ___ – ___ = ___ Ü: ___ – ___ = ___

	H	Z	E
–			

	H	Z	E
–			

	H	Z	E
–			

	H	Z	E
–			

Aufgabe 1: Die Handlungen sollten an einem Beispiel gezeigt werden.

1 Was fällt dir auf?

a)
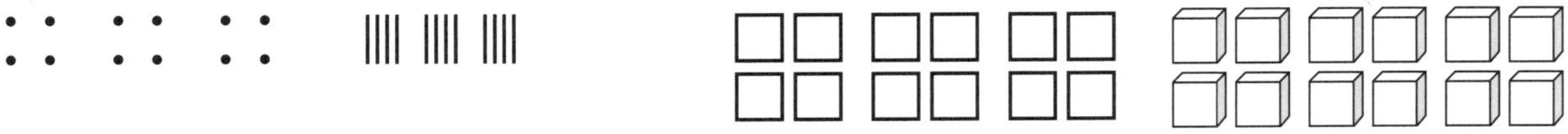

3 · 4 = ____ 3 · 40 = ____ 3 · 400 = ______ 3 · 4 000 = ________

b)
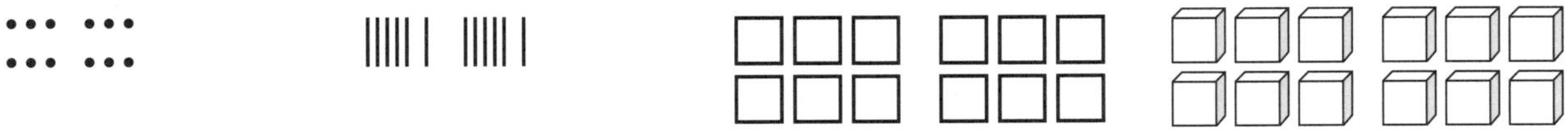

2 · 6 = ____ 2 · 60 = ____ 2 · 600 = ______ 2 · 6 000 = ________

2 Lege und rechne.

a) 4 · 5 = ________	b) 7 · 2 = ________	c) 6 · 6 = ________
4 · 50 = ________	7 · 20 = ________	6 · 600 = ________
4 · 500 = ________	7 · 200 = ________	6 · 6 000 = ________
d) 8 · 9 = ________	e) 5 · 3 = ________	f) 1 · 4 = ________
8 · 90 = ________	5 · 30 = ________	1 · 400 = ________
8 · 900 = ________	5 · 300 = ________	1 · 4 000 = ________
g) 9 · 5 = ________	h) 6 · 2 = ________	i) 4 · 3 = ________
9 · 50 = ________	6 · 20 = ________	4 · 300 = ________
9 · 500 = ________	6 · 200 = ________	4 · 3 000 = ________

3 Rechne zuerst die einfache Aufgabe.

a) 7 · 8 = ________	b) __ · ___ = ________	c) __ · ___ = ________
7 · 80 = ________	6 · 70 = ________	8 · 600 = ________
d) __ · ___ = ________	e) __ · ___ = ________	f) __ · ___ = ________
7 · 400 = ________	6 · 500 = ________	8 · 9 000 = ________

4

a) 1 · 70 = ______	b) 1 · 90 = ______	c) 1 · 60 = ______	d) 1 · 800 = ______
2 · 70 = ______	2 · 90 = ______	2 · 60 = ______	2 · 800 = ______
3 · 70 = ______	3 · 90 = ______	3 · 60 = ______	3 · 800 = ______
4 · 70 = ______	4 · 90 = ______	4 · 60 = ______	4 · 800 = ______
5 · 70 = ______	5 · 90 = ______	5 · 60 = ______	5 · 800 = ______
6 · 70 = ______	6 · 90 = ______	6 · 60 = ______	6 · 800 = ______
7 · 70 = ______	7 · 90 = ______	7 · 60 = ______	7 · 800 = ______
8 · 70 = ______	8 · 90 = ______	8 · 60 = ______	8 · 800 = ______
9 · 70 = ______	9 · 90 = ______	9 · 60 = ______	9 · 800 = ______
10 · 70 = ______	10 · 90 = ______	10 · 60 = ______	10 · 800 = ______

1 Zu jedem Punktefeld gibt es zwei Malaufgaben.

a) 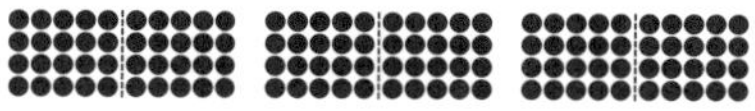

4 · 30 = ___

30 · 4 = ___

b) 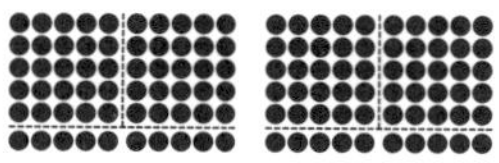

___ · ___ = ___

___ · ___ = ___

c) 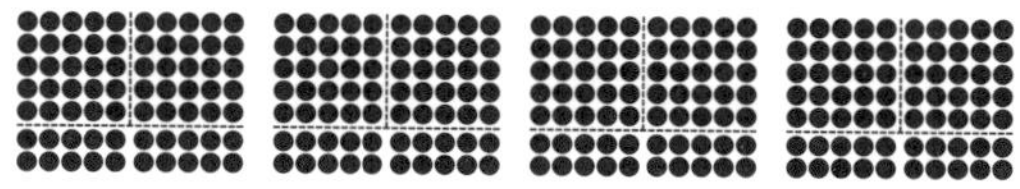

___ · ___ = ___

___ · ___ = ___

d) 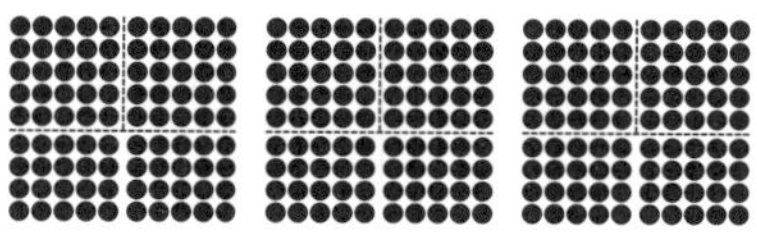

___ · ___ = ___

___ · ___ = ___

e) 

___ · ___ = ___

___ · ___ = ___

f) 

___ · ___ = ___

___ · ___ = ___

g) 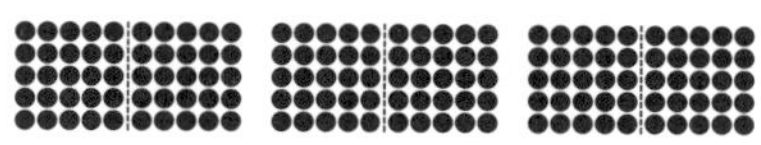

___ · ___ = ___

___ · ___ = ___

h) 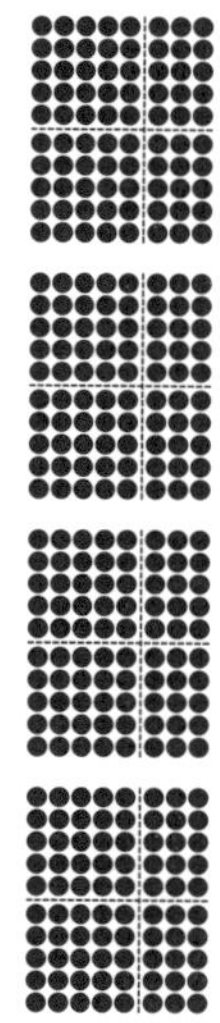

___ · ___ = ___

___ · ___ = ___

2 Rechne zuerst die Tauschaufgabe.

a) 70 · 3 = ___	b) 90 · 8 = ___	c) 60 · 5 = ___	d) 800 · 4 = ___
3 · 70 = ___	___ · ___ = ___	___ · ___ = ___	___ · ___ = ___
e) 40 · 6 = ___	f) 50 · 7 = ___	g) 80 · 3 = ___	h) 300 · 9 = ___
___ · ___ = ___	___ · ___ = ___	___ · ___ = ___	___ · ___ = ___
i) 90 · 2 = ___	j) 70 · 9 = ___	k) 20 · 8 = ___	l) 600 · 7 = ___
___ · ___ = ___	___ · ___ = ___	___ · ___ = ___	___ · ___ = ___
m) 30 · 9 = ___	n) 40 · 5 = ___	o) 40 · 9 = ___	p) 700 · 8 = ___
___ · ___ = ___	___ · ___ = ___	___ · ___ = ___	___ · ___ = ___

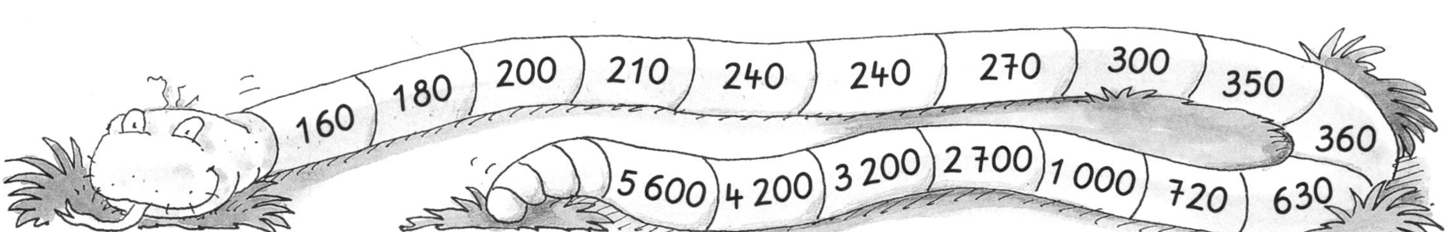

1 Lege nach. Schreibe Aufgaben.

a) 3 · 16 = ____

3 · 10 = 30

3 · 6 = 18

30 + 18 = ____

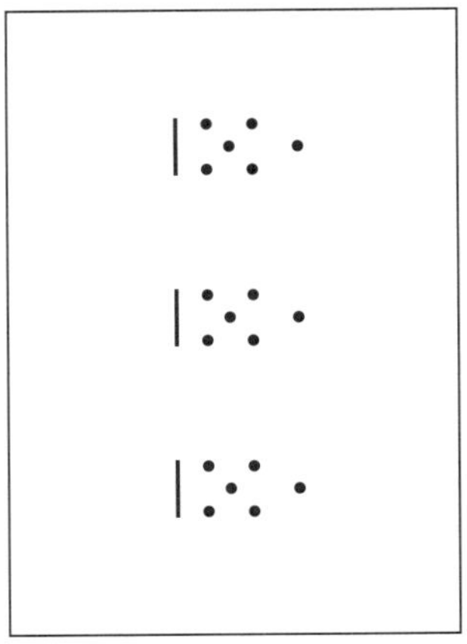

b) ___ · ___ = ____

___ · ___ = ____

___ · ___ = ____

____ + ___ = ____

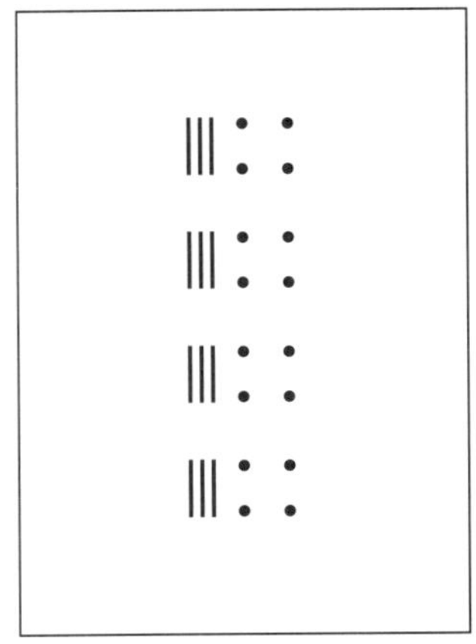

c) ___ · ___ = ____

___ · ___ = ____

___ · ___ = ____

____ + ___ = ____

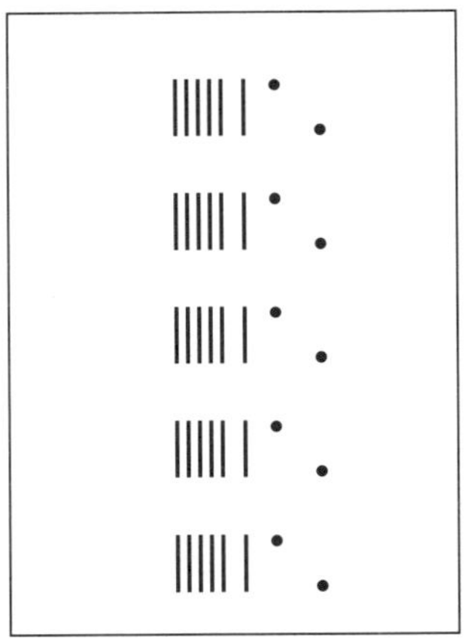

d) ___ · ___ = ____

___ · ___ = ____

___ · ___ = ____

____ + ___ = ____

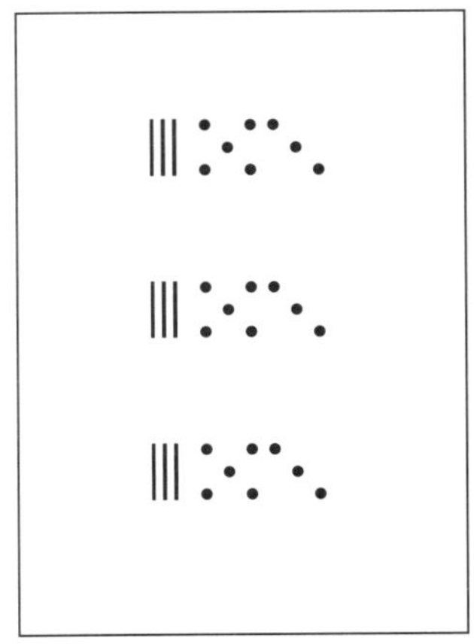

Trainieren mit Einstein 3/4

2 Zeichne und rechne.

a) 4 · 31 = ____

___ · ___ = ____

___ · ___ = ____

____ + ___ = ____

b) 3 · 74 = ____

___ · ___ = ____

___ · ___ = ____

____ + ___ = ____

c) 5 · 27 = ____

___ · ___ = ____

___ · ___ = ____

____ + ___ = ____

d) 6 · 15 = ____

___ · ___ = ____

___ · ___ = ____

____ + ___ = ____

1 Zeichne und rechne.

a) 5 · 19 = ____

__ · __ = ____

__ · __ = ____

____ + __ = ____

b) 4 · 21 = ____

__ · __ = ____

__ · __ = ____

____ + __ = ____

2 Rechne in Schritten.

a) 6 · 73 = ____
b) 7 · 84 = ____
c) 8 · 95 = ____
d) 9 · 106 = ____
9 · 100 = ____
9 · 6 = ____
____ + __ = ____

e) 5 · 68 = ____
f) 4 · 57 = ____
g) 3 · 46 = ____
h) 2 · 350 = ____

3 Rechne in Schritten.

a) 2 · 22 = ____
b) 3 · 33 = ____
c) 4 · 44 = ____
d) 5 · 55 = ____

e) 6 · 66 = ____
f) 7 · 77 = ____
g) 8 · 88 = ____
h) 9 · 99 = ____

4 Denke an die Tauschaufgaben. Rechne in Schritten.

a) 45 · 6 = ____
b) 56 · 7 = ____
c) 67 · 8 = ____
d) 78 · 9 = ____

1 Zeichne und rechne.

a) 3 · 240 = ____

__ · ____ = ____

__ · ____ = ____

____ + ____ = ____

b) 4 · 305 = ____

__ · ____ = ____

__ · ____ = ____

____ + ____ = ____

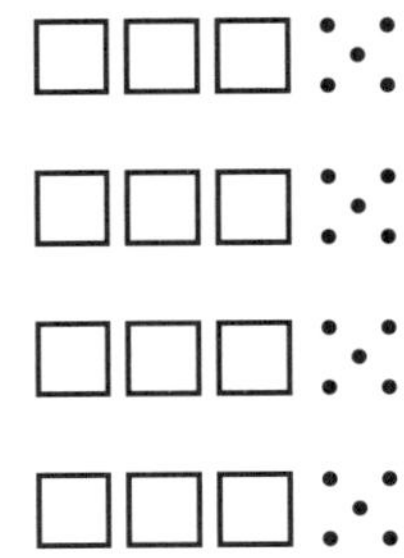

c) 2 · 607 = ____

__ · ____ = ____

__ · ____ = ____

____ + ____ = ____

d) 5 · 180 = ____

__ · ____ = ____

__ · ____ = ____

____ + ____ = ____

2 Rechne in Schritten.

a) 9 · 580 = ____

__ · ____ = ____

__ · ____ = ____

____ + ____ = ____

b) 7 · 607 = ____

__ · ____ = ____

__ · ____ = ____

____ + ____ = ____

c) 3 · 805 = ____

__ · ____ = ____

__ · ____ = ____

____ + ____ = ____

d) 8 · 450 = ______

e) 6 · 504 = ______

f) 4 · 630 = ______

3 Das kannst du auch in Schritten rechnen.

a) 5 · 123 = ______

5 · 100 =

5 · 20 =

5 · 3 =

b) 6 · 234 = ______

c) 7 · 345 = ______

1 Wie hat Einstein ausgerechnet, wie viele Hundekuchen er in einer Woche backen könnte? Erkläre.

2 Runde auf Hunderter.

a) 784 ist ungefähr 800.
b) 592 ist ungefähr ___.
c) 139 ist ungefähr ___.
d) 421 ist ungefähr ___.
e) 279 ist ungefähr ___.
f) 915 ist ungefähr ___.

3 Runde auf Tausender.

a) 6 739 ist ungefähr 7 000.
b) 1 952 ist ungefähr ___.
c) 9 387 ist ungefähr ___.
d) 4 829 ist ungefähr ___.

4 Überschlage im Kopf.

a) 3 · 823 ist etwa 2 400.
6 · 575 ist etwa ___.
9 · 294 ist etwa ___.
6 · 531 ist etwa ___.

b) 5 · 6 497 ist etwa ___.
8 · 3 333 ist etwa ___.
7 · 4 159 ist etwa ___.
4 · 7 499 ist etwa ___.

5 Überschlage.

a) 21 · 72 ist etwa
20 · 70 = 1 400.

b) 37 · 63 ist etwa
40 · 60 = ___.

c) 43 · 81 ist etwa
___ · ___ = ___.

d) 67 · 34 ist etwa
___ · ___ = ___.

e) 74 · 86 ist etwa
___ · ___ = ___.

f) 88 · 89 ist etwa
___ · ___ = ___.

g) 18 · 66 ist etwa
___ · ___ = ___.

h) 26 · 57 ist etwa
___ · ___ = ___.

i) 32 · 56 ist etwa
___ · ___ = ___.

j) 51 · 26 ist etwa
___ · ___ = ___.

k) 64 · 92 ist etwa
___ · ___ = ___.

l) 77 · 37 ist etwa
___ · ___ = ___.

1 Wie hat Einstein ausgerechnet, wie viele Hundekuchen er in einem Monat ungefähr backen könnte? Erkläre.

2 Das kannst du schon.

a) 3 · 4 = ____
3 · 40 = ____
30 · 4 = ____

b) 5 · 6 = ____
5 · 60 = ____
50 · 6 = ____

c) 7 · 8 = ____
7 · 80 = ____
70 · 8 = ____

d) 9 · 2 = ____
9 · 20 = ____
90 · 2 = ____

3 Dann kannst du auch das. Achte auf die Nullen.

a) 30 · 40 = ________
30 · 400 = ________
300 · 400 = ________

b) 50 · 60 = ________
50 · 600 = ________
500 · 600 = ________

c) 70 · 80 = ________
70 · 800 = ________
700 · 800 = ________

4 Rechne in Schritten. Was fällt dir auf?

a) 3 · 24 = ____
__ · __ = ____
__ · __ = ____
____ + __ = ____

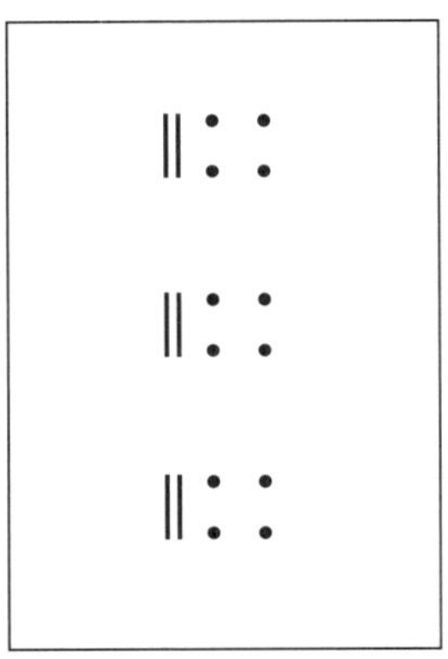

b) 30 · 24 = ____
____ · __ = ____
____ · __ = ____
____ + __ = ____

c) 300 · 24 = ________
____ · __ = ________
____ · __ = ________
____ + __ = ________

5 Überschlage und rechne in Schritten.

a) 60 · 540 = ________
Ü: 60 · 500 = ________
____
____
____
____

b) 70 · 604 = ________
Ü: ________
____
____
____
____

c) 90 · 870 = ________
Ü: ________
____
____
____
____

1 Wie viel ist es zusammen? Lege mit Arbeitsmaterial. Rechne schriftlich.

a) 123 · 3 Ü: 100 · 3 = ____

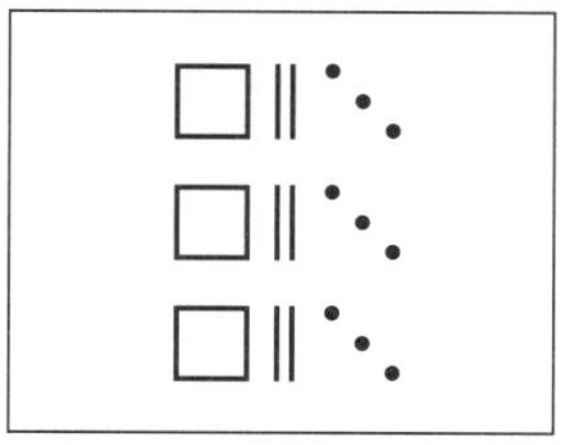

H	Z	E		
1	2	3	·	3
		H	Z	E
		3	6	9

b) 432 · 2 Ü: ____ · __ = ____

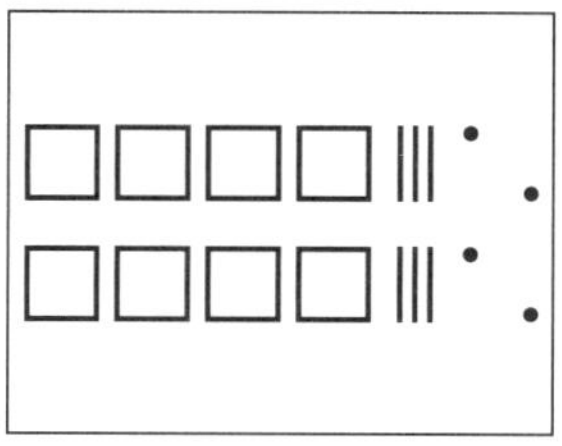

H	Z	E		
4	3	2	·	2
		H	Z	E

2 Zeichne und rechne schriftlich.

a) 241 · 2, Ü: ____ · __ = ____

H	Z	E		
2	4	1	·	2
		H	Z	E

a) 322 · 3, Ü: ____ · __ = ____

H	Z	E		
3	2	2	·	3
		H	Z	E

3 Überschlage, dann rechne schriftlich. Vergleiche das Ergebnis mit dem Überschlag.

a) 232 · 3

Ü: ____ · __ = ____

H	Z	E		
2	3	2	·	3
		H	Z	E

b) 121 · 4

Ü: ____ · __ = ____

H	Z	E		
			·	
		H	Z	E

c) 234 · 2

Ü: ____ · __ = ____

H	Z	E		
			·	
		H	Z	E

d) 2 133 · 3

Ü: ____ · __ = ____

T	H	Z	E		
2	1	3	3	·	3
		T	H	Z	E

e) 2 122 · 4

Ü: ____ · __ = ____

T	H	Z	E		
				·	
		T	H	Z	E

f) 4 133 · 2

Ü: ____ · __ = ____

T	H	Z	E		
				·	
		T	H	Z	E

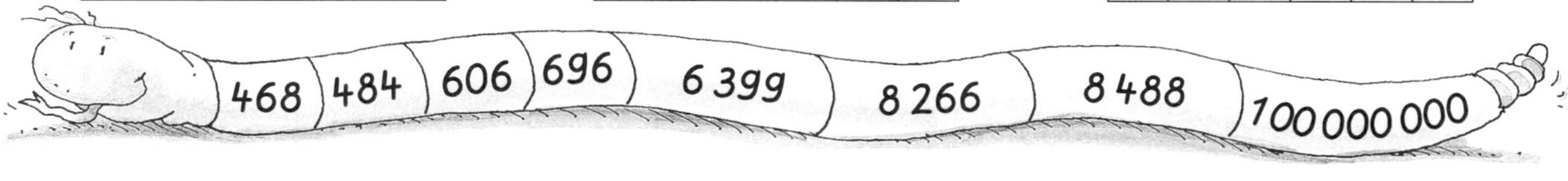

1 Wie viel ist es zusammen? Lege. Rechne schriftlich.

a) 126 · 3, Ü: 100 · 3 = ______

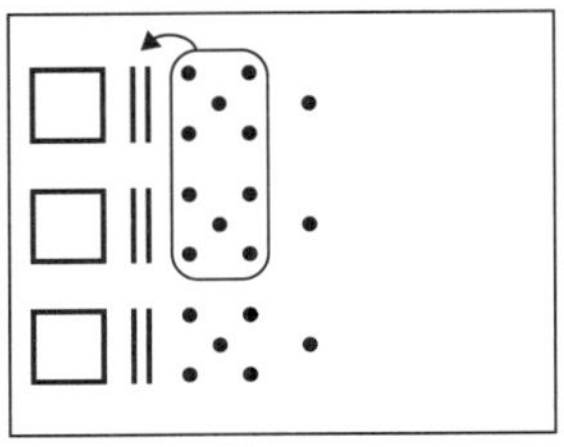

H	Z	E		
1	2_1	6	·	3
		H	Z	E
		3	7	8

Warum multiplizierst du zuerst (3 · 2 = 6) und addierst erst danach den Übertrag (6 + 1 = 7)? Erkläre.

b) 217 · 4, Ü: ______ · ___ = ______

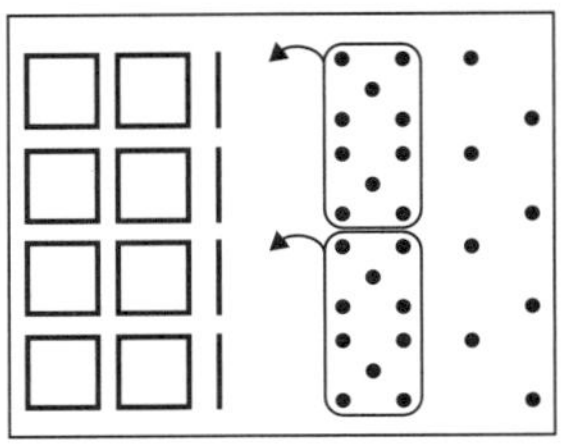

H	Z	E		
2	1	7	·	4
		H	Z	E

Warum multiplizierst du zuerst (4 · 1) und addierst erst danach den Übertrag? Erkläre.

2 Zeichne und rechne schriftlich.

a) 248 · 2, Ü: ______ · ___ = ______

H	Z	E		
2	4	8	·	2
		H	Z	E

b) 352 · 3, Ü: ______ · ___ = ______

H	Z	E		
3	5	2	·	3
		H	Z	E

3 Rechne schriftlich. Überschlage im Kopf, ob das Ergebnis richtig sein kann.

a) 327 · 3

H	Z	E		
3	2	7	·	3
		H	Z	E

b) 261 · 4

H	Z	E		
			·	
		H	Z	E

c) 411 · 7

H	Z	E		
			·	
		H	Z	E

d) 3 829 · 3

T	H	Z	E		
3	8	2	9	·	3
		T	H	Z	E

e) 1 234 · 4

T	H	Z	E		
				·	
		T	H	Z	E

f) 4 382 · 2

T	H	Z	E		
				·	
		T	H	Z	E

1 Vielfache kannst du immer als rechteckiges Punktfeld zeichnen. Zeichne und rechne.

	Das Einfache	Das Doppelte	Das Dreifache	Das Vierfache	Das Fünffache
a)	 1 · 7 = 7	 __ · __ = __	 __ · __ = __	 __ · __ = __	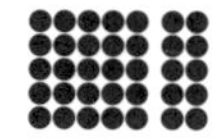 __ · __ = __
b)	1 · 3 = __	__ · __ = __	__ · __ = __	__ · __ = __	__ · __ = __
c)	__ · __ = __	__ · __ = __	__ · __ = __	__ · __ = __	__ · __ = __

2 Schreibe der Reihe nach die Vielfachen in die Kästchen.

a) von 2	2	4	6	8						20				
b) von 3	3	6	9							30				
c) von 6	6									60				

3 Suche Teiler. Lege dazu rechteckige Felder mit Plättchen. Zeichne.

a) 18 Plättchen — Teiler:

 3 und 6

 2 und 9

b) 20 Plättchen — Teiler: ______ ______

c) 12 Plättchen — Teiler: ______ ______

d) 30 Plättchen — Teiler:

 ______

______

______

e) 24 Plättchen — Teiler: ______ ______ ______

f) 16 Plättchen — Teiler: ______ ______

4 Suche Teiler.

a) von 28: ______________ b) von 36: ______________ c) von 40: ______________

d) von 27: ______________ e) von 15: ______________ f) von 60: ______________

1 Verteile gerecht. Wie viel bleibt als Rest übrig?

a)

10 : 3 = ___ Rest ___

b)

__ : __ = ___ Rest ___

c)

__ : __ = ___ Rest ___

d)

__ : __ = ___ Rest ___

2 Rechne.

a) 23 : 3 = ____ Rest ____
23 : 4 = ____ Rest ____
23 : 5 = ____ Rest ____
23 : 6 = ____ Rest ____
23 : 7 = ____ Rest ____

b) 37 : 4 = ____ Rest ____
37 : 5 = ____ Rest ____
37 : 6 = ____ Rest ____
37 : 7 = ____ Rest ____
37 : 8 = ____ Rest ____

c) 46 : 5 = ____ Rest ____
46 : 6 = ____ Rest ____
46 : 7 = ____ Rest ____
46 : 8 = ____ Rest ____
46 : 9 = ____ Rest ____

1 Was fällt dir auf?

a)

4 : 2 = ____ 40 : 2 = ____ 400 : 2 = ____ 4 000 : 2 = ____

b)

6 : 3 = ____ 60 : 3 = ____ 600 : 3 = ____ 6 000 : 3 = ____

2 Lege und rechne.

a) 18 : 3 = ____
180 : 3 = ____
1 800 : 3 = ____

b) 28 : 7 = ____
280 : 7 = ____
2 800 : 7 = ____

c) 42 : 6 = ____
420 : 6 = ____
4 200 : 6 = ____

d) 72 : 9 = ____
720 : 9 = ____
7 200 : 9 = ____

e) 27 : 3 = ____
270 : 3 = ____
2 700 : 3 = ____

f) 24 : 4 = ____
240 : 4 = ____
2 400 : 4 = ____

g) 40 : 5 = ____
400 : 5 = ____
4 000 : 5 = ____

h) 6 : 2 = ____
60 : 2 = ____
600 : 2 = ____

i) 64 : 8 = ____
640 : 8 = ____
6 400 : 8 = ____

3 Rechne zuerst die einfache Aufgabe.

a) 56 : 7 = ____
560 : 7 = ____

b) ____ : __ = ____
360 : 6 = ____

c) ____ : __ = ____
4 500 : 5 = ____

d) ____ : __ = ____
420 : 7 = ____

e) ____ : __ = ____
480 : 6 = ____

f) ____ : __ = ____
6 300 : 9 = ____

4

a)
70 : 7 = ____
140 : 7 = ____
210 : 7 = ____
280 : 7 = ____
350 : 7 = ____
420 : 7 = ____
490 · 7 = ____
560 : 7 = ____
630 : 7 = ____
700 : 7 = ____

b)
90 : 9 = ____
180 : 9 = ____
270 : 9 = ____
360 : 9 = ____
450 : 9 = ____
540 : 9 = ____
630 : 9 = ____
720 : 9 = ____
810 : 9 = ____
900 : 9 = ____

c)
60 : 6 = ____
120 : 6 = ____
180 : 6 = ____
240 : 6 = ____
300 : 6 = ____
360 : 6 = ____
420 : 6 = ____
480 : 6 = ____
540 : 6 = ____
600 : 6 = ____

d)
800 : 8 = ____
1 600 : 8 = ____
2 400 : 8 = ____
3 200 : 8 = ____
4 000 : 8 = ____
4 800 : 8 = ____
5 600 : 8 = ____
6 400 : 8 = ____
7 200 : 8 = ____
8 000 : 8 = ____

Trainieren mit Einstein 3/4

1 Lege nach. Schreibe Aufgaben.

a) 36 : 3 = ____

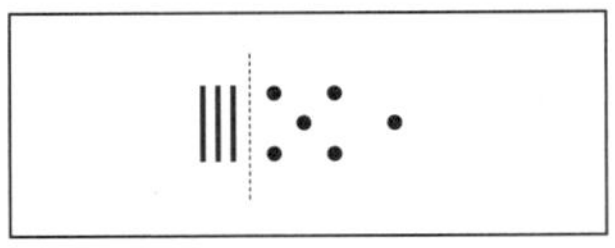

30 : 3 = 10

6 : 3 = 2

10 + 2 = ____

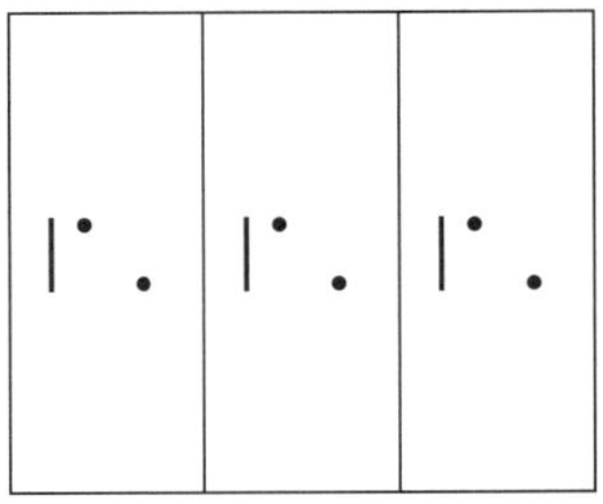

b) ___ : ___ = ____

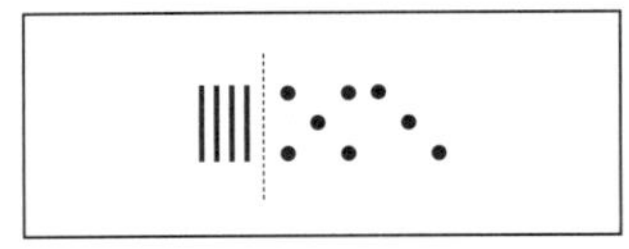

___ : ___ = ____

___ : ___ = ____

___ + ___ = ____

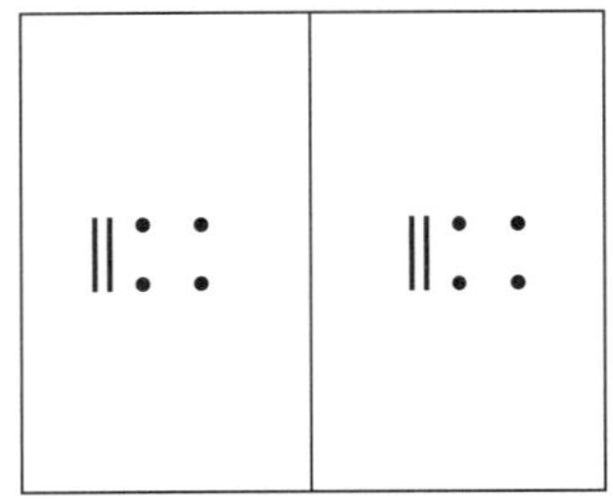

c) ___ : ___ = ____

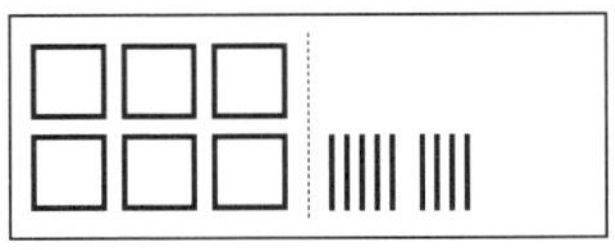

___ : ___ = ____

___ : ___ = ____

___ + ___ = ____

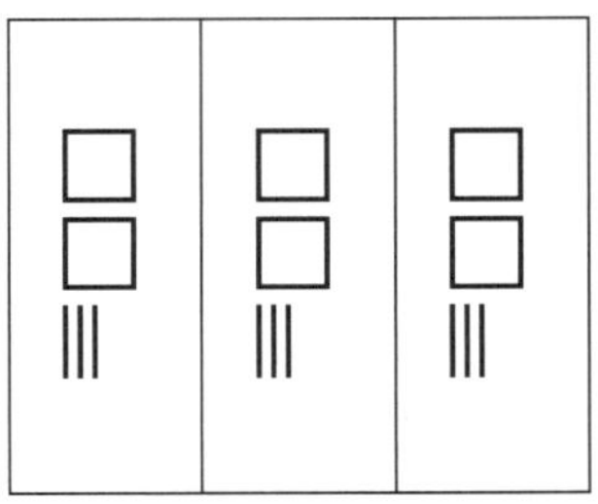

d) ___ : ___ = ____

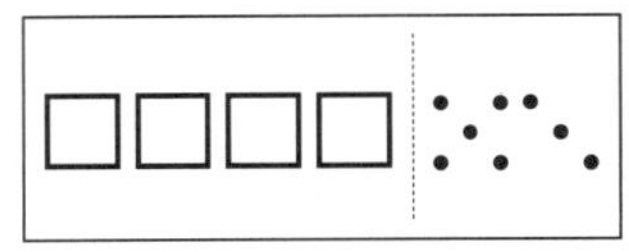

___ : ___ = ____

___ : ___ = ____

___ + ___ = ____

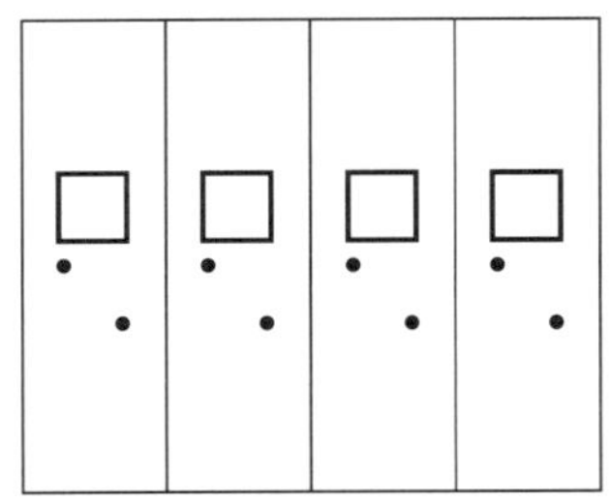

2 Zeichne und rechne.

a) 903 : 3 = ____

____ : __ = ____

____ : __ = ____

____ + __ = ____

b) 84 : 4 = ____

____ : __ = ____

____ : __ = ____

____ + __ = ____

c) 369 : 3 = ____

____ : __ = ____

____ : __ = ____

____ + __ = ____

d) 468 : 2 = ____

____ : __ = ____

____ : __ = ____

____ + __ = ____

1 Lege nach. Schreibe Aufgaben.

a) 45 : 3 = ___

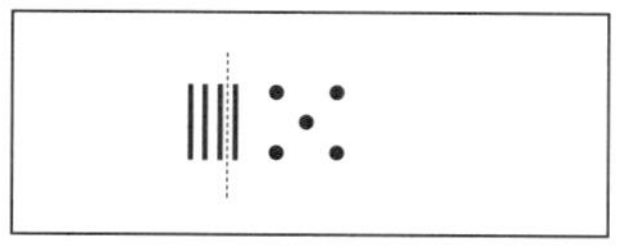

30 : 3 = 10

15 : 3 = 5

10 + 5 = ___

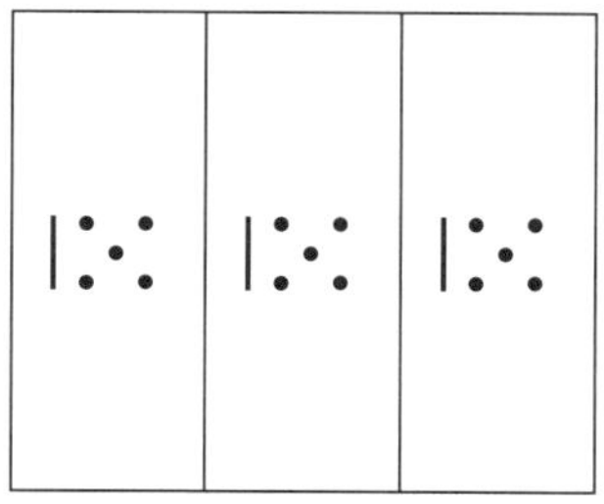

b) ___ : ___ = ___

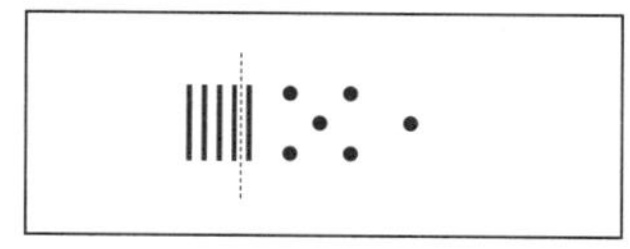

___ : ___ = ___

___ : ___ = ___

___ + ___ = ___

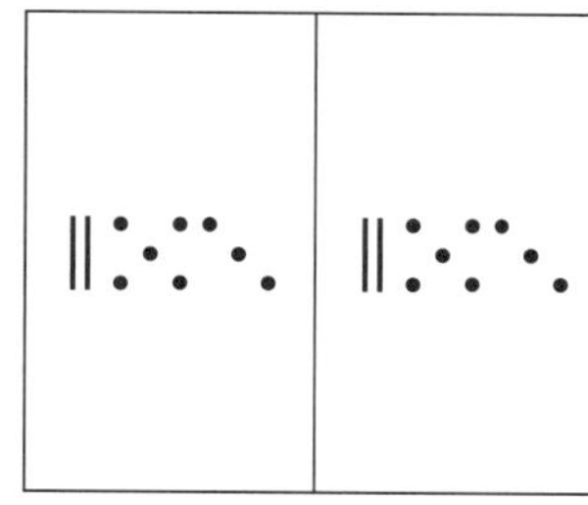

c) ___ : ___ = ___

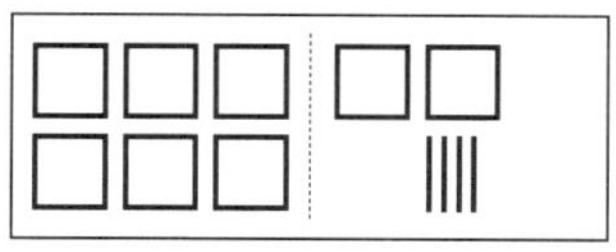

___ : ___ = ___

___ : ___ = ___

___ + ___ = ___

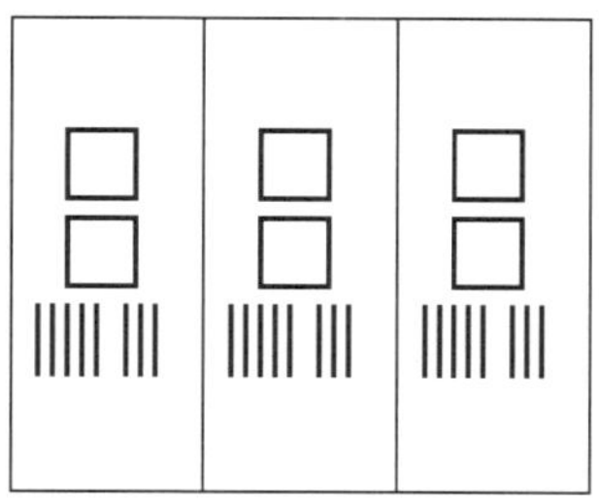

d) ___ : ___ = ___

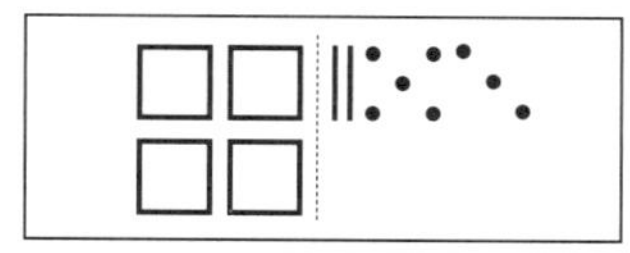

___ : ___ = ___

___ : ___ = ___

___ + ___ = ___

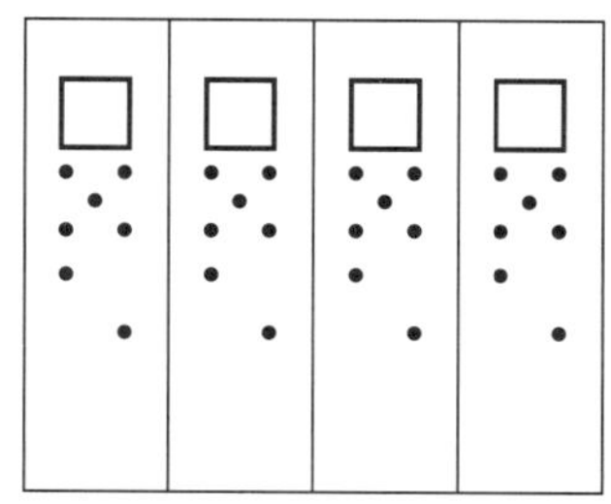

2 Zeichne und rechne.

a) 570 : 3 = ___

___ : ___ = ___

___ : ___ = ___

___ + ___ = ___

b) 96 : 4 = ___

___ : ___ = ___

___ : ___ = ___

___ + ___ = ___

c) 420 : 3 = ___

___ : ___ = ___

___ : ___ = ___

___ + ___ = ___

d) 78 : 6 = ___

___ : ___ = ___

___ : ___ = ___

___ + ___ = ___

Trainieren mit Einstein 3/4

1 Zeichne und rechne.

a) 52 : 4 = ____

____ : ____ = ____

____ : ____ = ____

____ + ____ = ____

b) 78 : 6 = ____

____ : ____ = ____

____ : ____ = ____

____ + ____ = ____

2 Rechne in Schritten.

a) 38 : 2 = ____

b) 57 : 3 = ____

c) 76 : 4 = ____

d) 95 : 5 = ____

e) 98 : 7 = ____

f) 84 : 6 = ____

g) 70 : 5 = ____

h) 56 : 4 = ____

3 Rechne in Schritten.

a) 96 : 8 = ____

____ : ____ = ____

____ : ____ = ____

____ + ____ = ____

b) 960 : 6 = ____

____ : ____ = ____

____ : ____ = ____

____ + ____ = ____

c) 91 : 7 = ____

d) 63 : 3 = ____

e) 900 : 6 = ____

f) 630 : 6 = ____

g) 9 600 : 4 = ____

____ : ____ = ____

____ : ____ = ____

____ + ____ = ____

h) 9 000 : 5 = ____

i) 96 000 : 2 = ____

____ : ____ = ____

____ : ____ = ____

____ + ____ = ____

j) 92 000 : 4 = ____

1 Lege nach. Schreibe Aufgaben.

a) 105 : 3 = ____

90 : 3 = 30

15 : 3 = 5

30 + 5 = ____

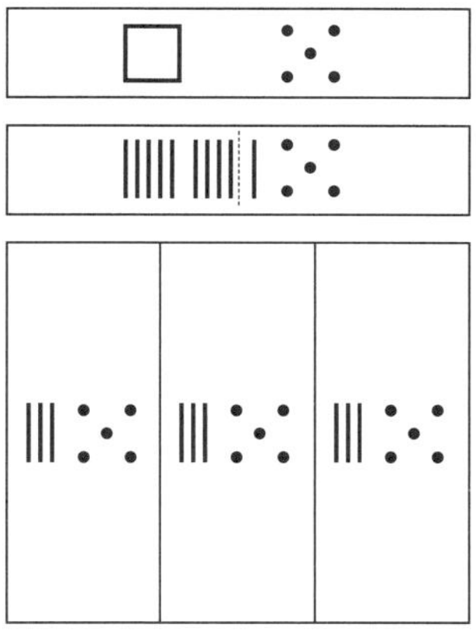

b) ____ : ___ = ____

____ : ___ = ____

____ : ___ = ____

____ + ___ = ____

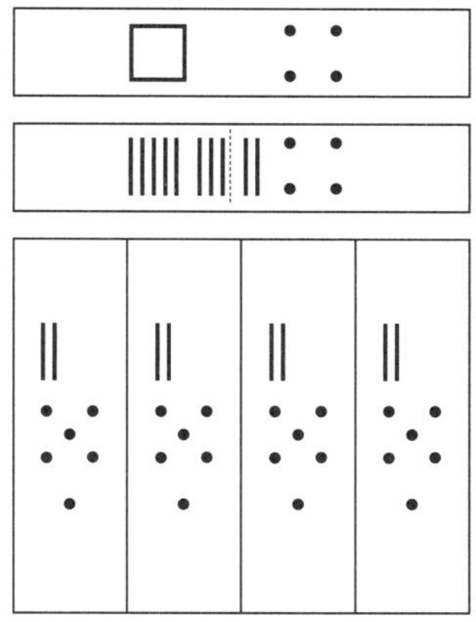

c) ____ : ___ = ____

____ : ___ = ____

____ : ___ = ____

____ + ___ = ____

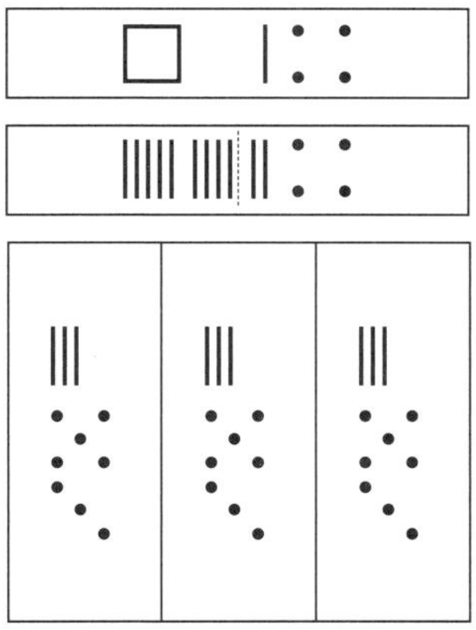

d) ____ : ___ = ____

____ : ___ = ____

____ : ___ = ____

____ + ___ = ____

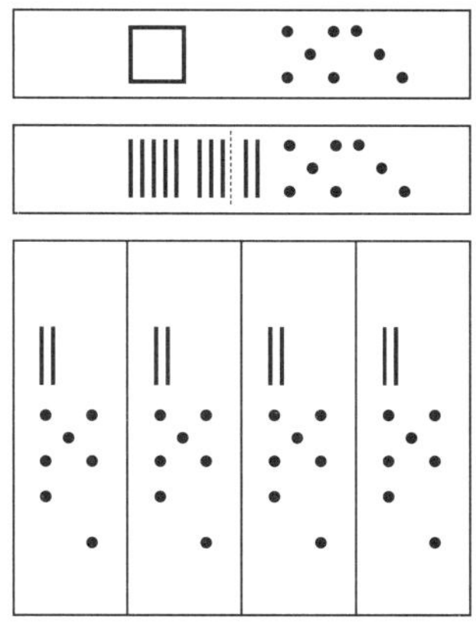

2 Rechne in Schritten.

a) 117 : 9 = ____
___ : __ = ____
___ : __ = ____
___ + __ = ____

b) 104 : 8 = ____
___ : __ = ____
___ : __ = ____
___ + __ = ____

c) 105 : 7 = ____
___ : __ = ____
___ : __ = ____
___ + __ = ____

d) 108 : 6 = ____
___ : __ = ____
___ : __ = ____
___ + __ = ____

e) 115 : 5 = ____

f) 112 : 4 = ____

g) 190 : 5 = ____

h) 102 : 2 = ____

i) 112 : 7 = ____

j) 136 : 4 = ____

k) 138 : 3 = ____

l) 132 : 6 = ____

Trainieren mit Einstein 3/4

1 Wie hat Einstein ausgerechnet, wie viele Hundekuchen jeder der vier Hunde ungefähr bekommt? Erkläre.

2 Überschlage.

a) 784 : 4 ist ungefähr 800 : 4 = 200.
b) 693 : 7 ist ungefähr ____ : 7 = ____.
c) 342 : 3 ist ungefähr ____ : 3 = ____.
d) 525 : 5 ist ungefähr ____ : 5 = ____.
e) 576 : 3 ist ungefähr ____ : 3 = ____.
f) 816 : 4 ist ungefähr ____ : 4 = ____.

3 Überschlagen ist nicht Runden. Suche immer eine Zahl, die du gut teilen kannst.

a) 1 680 : 8 ist ungefähr 1600 : 8 = ____.
1 680 : 7 ist ungefähr 1400 : 7 = ____.
1 680 : 6 ist ungefähr ____ : 6 = ____.
1 680 : 5 ist ungefähr ____ : 5 = ____.
1 680 : 4 ist ungefähr ____ : 4 = ____.
1 680 : 3 ist ungefähr ____ : 3 = ____.
1 680 : 2 ist ungefähr ____ : 2 = ____.

b) 2 520 : 9 ist ungefähr 2 700 : 9 = ____.
2 520 : 8 ist ungefähr ____ : 8 = ____.
2 520 : 7 ist ungefähr ____ : 7 = ____.
2 520 : 6 ist ungefähr ____ : 6 = ____.
2 520 : 5 ist ungefähr ____ : 5 = ____.
2 520 : 4 ist ungefähr ____ : 4 = ____.
2 520 : 3 ist ungefähr ____ : 3 = ____.

4 Überschlage.

a) 5 747 : 7 ist ungefähr 5600 : 7 = 800.
b) 1 952 : 4 ist ungefähr ____ : 4 = ____.
c) 3 291 : 3 ist ungefähr ____ : 3 = ____.
d) 9 387 : 3 ist ungefähr ____ : 3 = ____.
e) 4 824 : 8 ist ungefähr ____ : 8 = ____.
f) 2 223 : 3 ist ungefähr ____ : 3 = ____.
g) 5 388 : 6 ist ungefähr ____ : 6 = ____.
h) 1 746 : 9 ist ungefähr ____ : 9 = ____.

5 Überschlage im Kopf.

a) 2 358 : 3 ist etwa 800.
b) 3 128 : 4 ist etwa ____.
c) 32 485 : 5 ist etwa ____.
d) 3 456 : 6 ist etwa ____.
e) 6 216 : 7 ist etwa ____.
f) 26 664 : 8 ist etwa ____.
g) 2 646 : 9 ist etwa ____.
h) 4 912 : 8 ist etwa ____.
i) 29 113 : 7 ist etwa ____.
j) 3 186 : 6 ist etwa ____.
k) 3 415 : 5 ist etwa ____.
l) 30 396 : 4 ist etwa ____.

1 Was fällt dir auf?

a) 30 : 10 = ____ 300 : 10 = ____ 3 000 : 10 = ____

b) 30 : 3 = ____ 300 : 3 = ____ 3 000 : 3 = ____

c) 30 : 30 = ____ 300 : 30 = ____ 3 000 : 30 = ____

2 Lege und rechne.

a)
18 : 3 = ____
180 : 10 = ____
180 : 30 = ____
1 800 : 10 = ____
1 800 : 100 = ____
1 800 : 300 = ____

b)
28 : 7 = ____
280 : 10 = ____
280 : 70 = ____
2 800 : 10 = ____
2 800 : 100 = ____
2 800 : 700 = ____

c)
42 : 6 = ____
420 : 10 = ____
420 : 60 = ____
4 200 : 10 = ____
4 200 : 100 = ____
4 200 : 600 = ____

d)
72 : 9 = ____
720 : 10 = ____
720 : 90 = ____
7 200 : 10 = ____
7 200 : 100 = ____
7 200 : 900 = ____

e)
24 : 4 = ____
240 : 10 = ____
240 : 40 = ____
2 400 : 10 = ____
2 400 : 100 = ____
2 400 : 400 = ____

f)
64 : 8 = ____
640 : 10 = ____
640 : 80 = ____
6 400 : 10 = ____
6 400 : 100 = ____
6 400 : 800 = ____

3 Achte auf die Nullen.

a)
320 : 4 = ____
320 : 40 = ____
3 200 : 40 = ____
32 000 : 400 = ____
32 000 : 4 000 = ____
3 200 : 400 = ____

b)
630 : 90 = ____
6 300 : 900 = ____
6 300 : 90 = ____
63 000 : 9 = ____
63 000 : 900 = ____
6 300 : 9 = ____

c)
3500 : 70 = ____
3500 : 700 = ____
35 000 : 70 = ____
350 : 7 = ____
350 000 : 7 000 = ____
35 000 : 7 000 = ____

d)
240 : 60 = ____
24 000 : 6 000 = ____
2 400 : 60 = ____
2 400 : 600 = ____
24 000 : 600 = ____

e)
5 600 : 800 = ____
560 : 80 = ____
5 600 : 8 = ____
56 000 : 800 = ____
56 000 : 80 = ____

f)
210 000 : 3 000 = ____
2 100 : 30 = ____
210 000 : 30 000 = ____
21 000 : 300 = ____
21 000 : 3 000 = ____

1 Zeichne und rechne.

a) 520 : 40 = ___

400 : 40 = 10

120 : 40 = 3

10 + 3 = ___

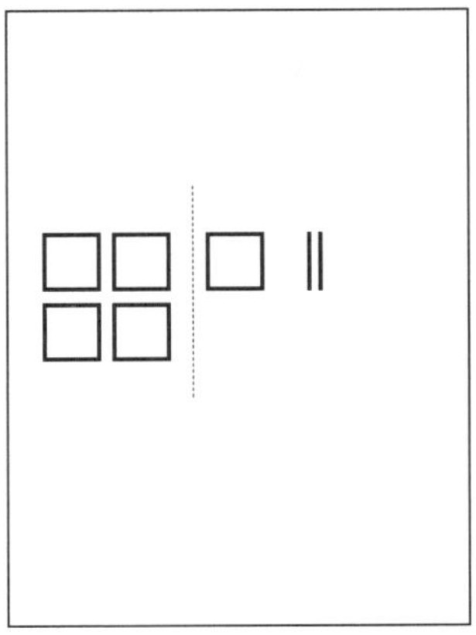

b) 840 : 60 = ___

___ : ___ = ___

___ : ___ = ___

___ + ___ = ___

2 Rechne in Schritten.

a) 9 800 : 70 = ___

___ : ___ = ___

___ : ___ = ___

___ + ___ = ___

b) 7 800 : 600 = ___

___ : ___ = ___

___ : ___ = ___

___ + ___ = ___

c) 72 000 : 3 000 = ___

___ : ___ = ___

___ : ___ = ___

___ + ___ = ___

d) 1 040 : 80 = ___

e) 1 170 : 90 = ___

f) 76 000 : 400 = ___

g) 8 700 : 30 = ___

h) 6 300 : 60 = ___

3 Rechne in Schritten.

a) 5 400 : 300 = ___

b) 7 200 : 40 = ___

c) 95 000 : 500 = ___

d) 9 600 : 600 = ___

e) 6 500 : 50 = ___

f) 52 000 : 400 = ___

1 Lege und rechne.

a) 284 : 2 Ü: 300 : 2 = 150

H	Z	E				H	Z	E
2	8	4	:	2	=	1	4	2

Rechne:
2 H : 2 = ____
8 Z : 2 = ____
4 E : 2 = ____

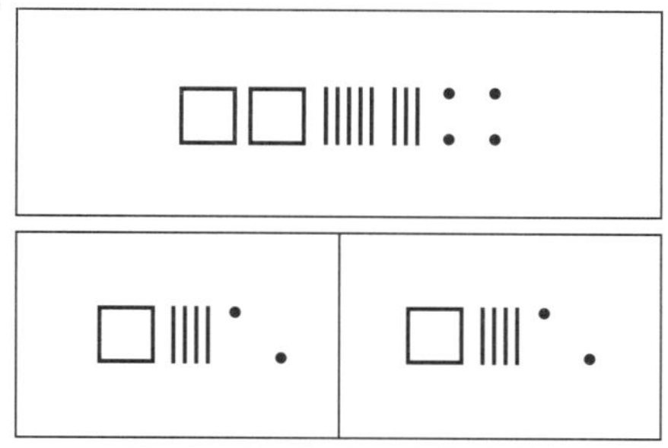

b) 693 : 3 Ü: ____ : __ = ____

H	Z	E				H	Z	E
			:		=			

Rechne:
6 H : 3 = ____
9 Z : 3 = ____
3 E : 3 = ____

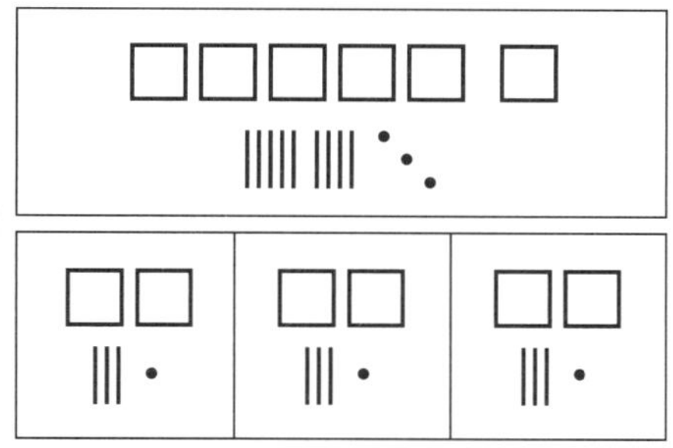

2 Zeichne und rechne.

a) 448 : 4 Ü: ____ : __ = ____

H	Z	E				H	Z	E
			:		=			

b) 363 : 3 Ü: ____ : __ = ____

H	Z	E				H	Z	E
			:		=			

3 Du darfst nur waagerecht und senkrecht laufen. Du darfst nur Felder mit Vielfachen von 7 oder von 8 benutzen.

	38	8	7	49	61	28	40	
	70	16	58	32	26	77	87	
	72	78	35	88	61	400	64	
	14	54	63	31	45	17	80	
	24	18	56	48	42	21	490	

1 Lege nach. Schreibe die Aufgaben auf.

a) 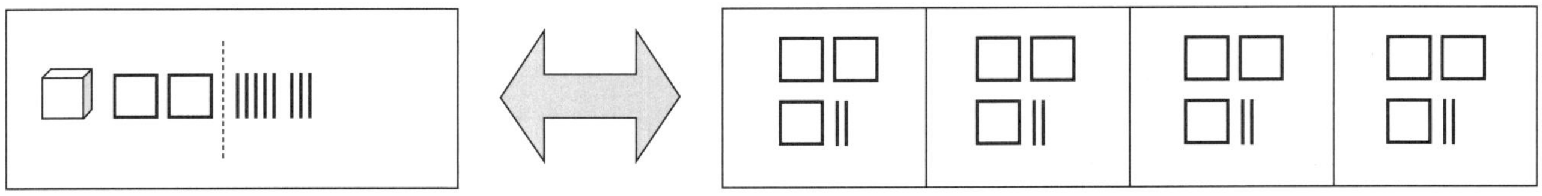

1 280 : 4 = ______ 4 · 320 = ______

b) 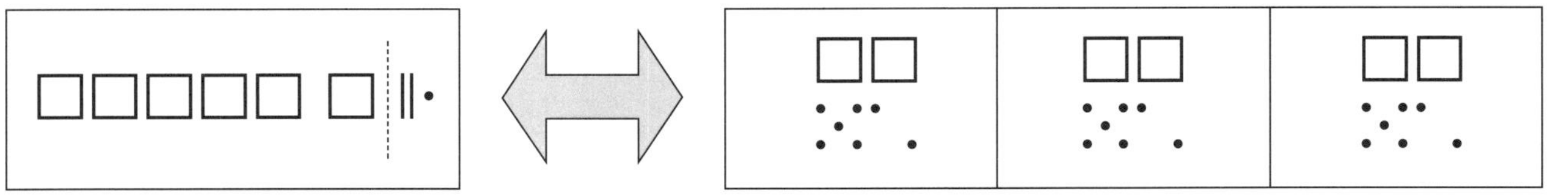

______ : 3 = ______ ______ · __ = ______

c) 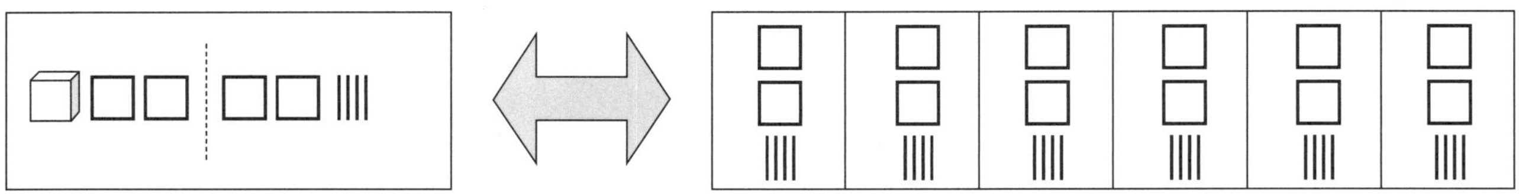

______ : 6 = ______ ______ · __ = ______

2 Rechne. Lege und schreibe die Umkehraufgabe auf. Achte auf Mal und Geteilt.

a) 3 · 620 = ______
______ : ___ = ______

b) 2 760 : 6 = ______
______ · ____ = ___

c) 4 · 708 = ______
______ : ___ = ___

d) 7 · 530 = ______
______ : ___ = ______

e) 5 · 132 = ______
______ : ___ = ______

f) 872 : 2 = ______
______ · ___ = ______

g) 2 456 : 8 = ______
______ · ____ = ___

h) 9 · 440 = ______
______ : ___ = ______

i) 7 · 968 = ______
______ : ___ = ______

3 Rechne schriftlich. Rechne als Probe die Umkehraufgabe.

2 232 : 8 Ü: = ____ : _ = ____

T	H	Z	E				H	Z	E
				:		=			

Probe:

H	Z	E		
			·	
		H	Z	E

1 Lege und rechne.

952 : 7

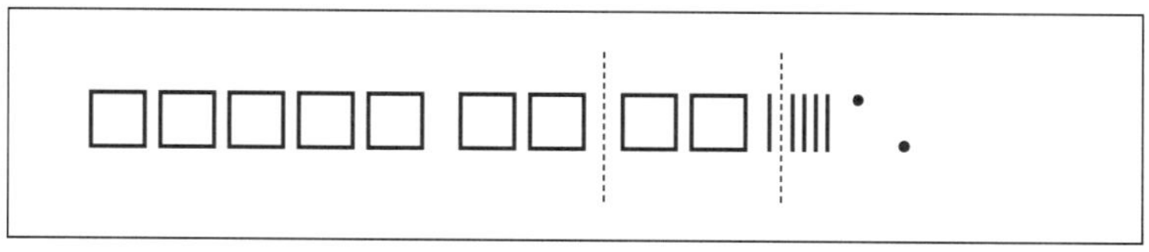

Ü:	7	0	0	:	7	=	1	0	0
	H	Z	E				H	Z	E
	9	5	2	:	7	=	1	3	6
	7								
	2	5			Probe:				
	2	1			H	Z	E		
		4	2		1	3	6	·	7
		4	2				H	Z	E
			0						

2 a) Lege und rechne.

792 : 3

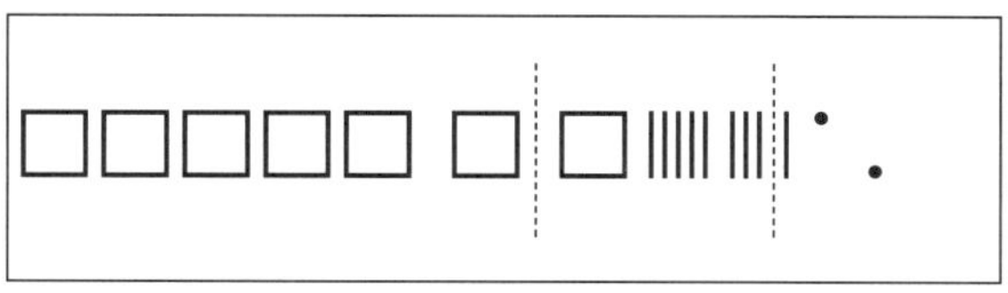

Ü:				:		=			
	H	Z	E				H	Z	E
	7	9	2	:	3	=			
					Probe:				
					H	Z	E		
								·	
							H	Z	E

b) Zeichne und rechne.

992 : 8

Ü:				:		=			
	H	Z	E				H	Z	E
				:		=			
					Probe:				
					H	Z	E		
								·	
							H	Z	E

3 a)

Ü:				:		=			
	H	Z	E				H	Z	E
	8	1	6	:	6	=			
					Probe:				
					H	Z	E		
								·	
							H	Z	E

b)

Ü:				:		=			
	H	Z	E				H	Z	E
	9	5	6	:	4	=			
					Probe:				
					H	Z	E		
								·	
							H	Z	E

Seite 5

1. Es sind 124 Hundekuchen.

2. Es sind 374 Hundekuchen.

3. a) 448 b) 282 c) 376

Seite 6

1. a) 82 Riegel
   b) 8 Schachteln
   c) 2 Riegel
   d) 4 Hundekuchen

Seite 7

5. a) 426 Punkte
   b) 153 Punkte
   c) 397 Punkte
   d) 272 Punkte
   e) 555 Punkte

Seite 9

1. a) 99 < 100 < 101
   b) 399 < 400 < 401
   c) 699 < 700 < 701

Seite 10

1. a) 900 < 928 < 1 000
   b) 500 < 537 < 600
   c) 400 < 418 < 500
   d) 100 < 152 < 200
   e 200 < 241 < 300
   f) 700 < 793 < 800

2. a) 730 < 736 < 740
   b) 320 < 328 < 330
   c) 910 < 917 < 920
   d) 460 < 462 < 470
   e) 140 < 149 < 150
   f) 590 < 591 < 600

3.

Nachbar-hunderter	Nachbar-zehner	Zahl	Nachbar-zehner	Nachbar-hunderter
400	470	473	480	500
800	820	826	830	900
100	150	151	160	200
500	500	502	510	600
900	980	987	990	1 000
200	220	222	230	300
300	310	318	320	400

Seite 13

1. Es sind 4 638 Hundekuchen.

2. a) 3 492 b) 5 268 c) 2 556
   d) 6 085 e) 4 304 f) 7 750

3. a) 4 831 b) 6 258 c) 2 927

Seite 14

1. a) 234 Riegel
   b) 23 Schachteln
   c) 2 Kartons
   d) 3 Schachteln
   e) 4 Riegel
   f) 1 Hundekuchen

Seite 15

2. 750 308
   308 750
   980 054

Seite 16

2. a) 600 000 und 700 000
   674 839 ist rund 700 000.
   b) 400 000 und 500 000
   419 578 ist rund 400 000.
   c) 200 000 und 300 000
   268 951 ist rund 300 000.

3. a) 670 000 und 680 000
   674 839 ist rund 670 000.
   b) 820 000 und 830 000
   827 147 ist rund 830 000.
   c) 410 000 und 420 000
   419 578 ist rund 420 000.
   d) 260 000 und 270 000
   268 951 ist rund 270 000.

4. a) 200 000 b) 200 000
   c) 400 000 d) 400 000
   e) 600 000 f) 600 000

5. a) 190 000 b) 240 000
   c) 370 000 d) 410 000
   e) 570 000 f) 620 000

Seite 17

1. a) 7 70 700 7 000 b) 8 80 800 8 000

2. a) 9 / 900 b) 9 / 900 c) 9 / 9 000 d) 9 / 900 e) 8 / 800 f) 7 / 7 000

3.

a)	b)	c)
80	90	90
180	190	290
380	490	590
1 080	1 090	2 090

4.

a)	b)	c)	d)
90	90	70	60
190	190	170	1 060
290	290	270	2 060
390	390	370	3 060
490	490	470	4 060
590	590	570	5 060
690	690	670	6 060
790	790	770	7 060
890	890	870	8 060
990	990	970	9 060

Seite 18

1.

a)	b)
500	700
530	750
550	770
580	790

2.

a)	b)	c)	d)
710	620	630	840
720	630	640	850
730	640	650	860
740	650	660	870
750	660	670	880
760	670	680	890

3.

a)	b)
330	570
430	670
530	770
630	870

4.

a)	b)	c)	d)
420	680	660	990
520	780	760	890
720	880	860	790
920	980	960	690

5.

a)	b)	c)	d)
900	440	650	690
920	540	750	780
940	640	850	870
960	740	950	960
980	840	1 050	1 050

Seite 19

1.

a)	b)	c)	d)	e)	f)
8	5	8	6	9	9
800	500	800	600	900	900
820	540	870	650	960	990
280	450	780	560	690	990

2. a) 580 b) 390

3. a) 760 b) 490

4. a) 850 b) 580 c) 870
   d) 790 e) 990 f) 990
   g) 990 h) 780 i) 860

Seite 20

1. 30 2. 60 3. a) 80 b) 50 c) 10

4. 60 5. 80 6. a) 20 b) 60 c) 50 d) 90

7. a) 630 + 70 = 700
   630 – 30 = 600
   b) 810 – 10 = 800
   810 + 90 = 900
   c) 380 – 80 = 300
   380 + 20 = 400
   d) 540 + 60 = 600
   540 – 40 = 500

Seite 21

1. a) 180 + 70 = 250 b) 360 + 50 = 410
   c) 280 + 50 = 330 d) 450 + 90 = 540

2. a) 380 + 90 = 470 b) 450 + 70 = 520
   c) 190 + 60 = 250 d) 560 + 70 = 630

3. a) 710 b) 430 c) 960 d) 850 e) 660 f) 540

Seite 22

1. 20 2. a) 440 b) 460 c) 550 d) 640

3. 40 4. a) 330 b) 510 c) 640 d) 730 e) 820 f) 950

5. 30 6. a) 230 b) 650 c) 460 d) 620 e) 940 f) 310

7. a) 730 b) 440 c) 460 d) 620 e) 540 f) 410
   g) 850 h) 640 i) 920

Seite 23

1. a) 670 / 720 b) 880 / 940 c) 560 / 640 d) 690 / 720 e) 850 / 920 f) 740 / 830

2. a) 720 b) 640 3. a) 560 b) 710

4. a) 840 b) 830 c) 810

Seite 24

2. b) 400 c) 600 d) 900 e) 200 f) 800

3. a) 400 + 400 = 800
b) 600 + 100 = 700
c) 300 + 500 = 800

4. a) 7 000 b) 2 000
c) 4 000 d) 6 000

5. a) 4 000 + 3 000 = 7 000
b) 2 000 + 5 000 = 7 000
c) 4 000 + 2 000 = 6 000
d) 6 000 + 4 000 = 10 000

6. a) 500 b) 9 000
1 000 7 000
900 7 000
1 000 9 000

Seite 25

1. b) 368 c) 867

2. a) 399 b) 589 c) 489 d) 780

3. a) 357 b) 795 c) 853 d) 876

Seite 26

1. b) 374 c) 648

2. a) 573 b) 772 c) 753 d) 750

3. a) 787 b) 829 c) 905 d) 915

Seite 27

1. a) 5 b) 2
50 20
500 200
5 000 2 000

2. a) 1 b) 7 c) 3 d) 7 e) 2 f) 4
100 700 3 000 700 200 4 000

3. a) 40 b) 30 c) 50
140 130 250
340 430 550
1 040 1 030 2 050

4. a) 50 b) 70 c) 10 d) 20
150 170 110 1 020
250 270 210 2 020
350 370 310 3 020
450 470 410 4 020
550 570 510 5 020
650 670 610 6 020
750 770 710 7 020
850 870 810 8 020
950 970 910 9 020

Seite 28

1. a) 200 230 250 280
b) 300 350 370 390

2. a) 310 b) 320 c) 530 d) 340
320 330 540 350
330 340 550 360
340 350 560 370
350 360 570 380
360 370 580 390

3. a) 130 230 330 430
b) 170 270 370 470

4. a) 120 b) 180 c) 160 d) 790
220 280 260 690
320 380 360 590
420 480 460 490

5. a) 600 b) 140 c) 250 d) 190
620 140 350 380
640 140 450 370
660 140 550 460
680 140 650 550

Seite 29

1. a) 3 b) 3 c) 4 d) 6 e) 2 f) 1
300 300 400 600 200 100
380 370 430 660 240 120
830 730 340 660 420 210

2. a) 330 b) 150
c) 420 d) 100

3. a) 370 b) 240
c) 420 d) 430

Seite 30

1. a) 120 b) 580 c) 350 d) 490
130 570 450 390
140 560 550 290
150 550 650 190
160 540 750 90

2. a) 230 b) 820 c) 920 d) 240
330 720 930 230
430 620 940 220
530 520 950 210
630 420 960 200

3. a) 310 b) 250 c) 100
d) 120 e) 630 f) 170
g) 320 h) 420 i) 640

4. a) 40 b) 550 c) 810 d) 320
130 440 720 320
220 330 630 320
310 220 540 320
400 110 450 320

e) 130 f) 110 g) 230 h) 340
220 210 320 230
310 210 410 120
400 210 500 10

Seite 31

1. a) 6 60 260 360
b) 3 30 330 430
c) 1 10 210 510

2. a) 40 b) 260
c) 170 d) 380

3. a) 280 b) 340
c) 170 d) 170

Seite 32

1. 20

2. a) 260 b) 350 c) 440 d) 530 e) 670 f) 780

3. 40

4. a) 470 b) 360 c) 850 d) 780 e) 590 f) 270

5. 30

6. a) 450 b) 260 c) 570 d) 340 e) 780 f) 190

7. a) 290 b) 770 c) 380 d) 450 e) 660 f) 170
g) 580 h) 480 i) 760

Seite 33

1. a) 520 b) 440 c) 340 d) 520 e) 720 f) 230
470 380 260 490 650 140

2. a) 470 b) 260

3. a) 390 b) 350

4. a) 450 b) 560 c) 440

Seite 34

2. b) 300 c) 1 000 d) 200 e) 800 f) 500

3. a) 700 – 300 = 400
b) 600 – 200 = 400
c) 500 – 200 = 300

4. b) 7 000 c) 9 000 d) 2 000

5. a) 7 000 – 3 000 = 4 000
b) 7 000 – 5 000 = 2 000
c) 5 000 – 2 000 = 3 000
d) 9 000 – 4 000 = 5 000

6. a) 400 b) 4 000
500 3 000
700 3 000
400 5 000

Seite 35

1. a) 321 b) 138 c) 324

2. a) 110 b) 325 c) 321 d) 301

3. a) 234 b) 123 c) 303 d) 444

Seite 36

1. a) 360 + 430 = 790 b) 607 + 204 = 811 c) 780 + 160 = 940
   790 – 430 = 360   811 – 204 = 607   940 – 160 = 780

2. a) 620 + 340 = 960 b) 460 + 290 = 750 c) 708 – 204 = 504
   960 – 340 = 620   750 – 290 = 460   504 + 204 = 708

   d) 52 + 46 = 98 e) 132 + 510 = 642 f) 873 – 120 = 753
   98 – 46 = 52   642 – 510 = 132   753 + 120 = 873

   g) 570 – 350 = 220 h) 38 – 22 = 16
   220 + 350 = 570   16 + 22 = 38

3. a) 221 b) 420 c) 321 d) 435

Seite 37

1. a) 429 b) 106 c) 264

2. a) 107 b) 292 c) 309 d) 276

3. a) 72 b) 208 c) 519 d) 198

Seite 38

1. a) 12 120 1 200 12 000 b) 12 120 1 200 12 000

2. a) 20, 200, 2 000 b) 14, 140, 1 400 c) 36, 3 600, 36 000 d) 72, 720, 7 200 e) 15, 150, 1 500

   f) 4, 400, 4 000 g) 45, 450, 4 500 h) 12, 120, 1 200 i) 12, 1 200, 12 000

3. a) 56, 560 b) 42, 420 c) 48, 4 800

   d) 28, 2 800 e) 30, 3 000 f) 72, 72 000

4.

a)	b)	c)	d)
70	90	60	800
140	180	120	1 600
210	270	180	2 400
280	360	240	3 200
350	450	300	4 000
420	540	360	4 800
490	630	420	5 600
560	720	480	6 400
630	810	540	7 200
700	900	600	8 000

Seite 39

1. a) $4 \cdot 30 = 120$ b) $6 \cdot 20 = 120$ c) $7 \cdot 40 = 280$
   $30 \cdot 4 = 120$ $20 \cdot 6 = 120$ $40 \cdot 7 = 280$
   d) $9 \cdot 30 = 270$ e) $3 \cdot 40 = 120$ f) $2 \cdot 20 = 40$
   $30 \cdot 9 = 270$ $40 \cdot 3 = 120$ $20 \cdot 2 = 40$

   g) $5 \cdot 30 = 150$ h) $40 \cdot 8 = 320$
   $30 \cdot 5 = 150$ $8 \cdot 40 = 320$

2. a) 210 b) 720 c) 300 d) 3 200
   e) 240 f) 350 g) 240 h) 2 700
   i) 180 j) 630 k) 160 l) 4 200
   m) 270 n) 200 o) 360 p) 5 600

Seite 40

1. a) $3 \cdot 16 = 48$ b) $4 \cdot 34 = 136$
   c) $5 \cdot 62 = 310$ d) $3 \cdot 38 = 114$

2. a) 124 b) 222 c) 135 d) 90

Seite 41

1. a) 95 b) 84

2. a) 438 b) 588 c) 760 d) 954
   e) 340 f) 228 g) 138 h) 700

3. a) 44 b) 99 c) 176 d) 275
   e) 396 f) 539 g) 704 h) 891

4. a) 270 b) 392 c) 536 d) 702

Seite 42

1. a) 720 b) 1 220 c) 1 214 d) 900

2. a) 5 220 b) 4 249 c) 2 415 d) 3 600 e) 3 024 f) 2 520

3. a) 615 b) 1 404 c) 2 415

Seite 43

2. b) 600 c) 100 d) 400 e) 300 f) 900

3. b) 2 000 c) 9 000 d) 5 000

4. a) 2 400, 3 600, 2 700, 3 000 b) 30 000, 24 000, 28 000, 28 000

5. b) $40 \cdot 60 = 2\,400$ c) $40 \cdot 80 = 3\,200$
   d) $70 \cdot 30 = 2\,100$ e) $70 \cdot 90 = 6\,300$
   f) $90 \cdot 90 = 8\,100$ g) $20 \cdot 70 = 1\,400$
   h) $30 \cdot 60 = 1\,800$ i) $30 \cdot 60 = 1\,800$
   j) $50 \cdot 30 = 1\,500$ k) $60 \cdot 90 = 5\,400$
   l) $80 \cdot 40 = 3\,200$

Seite 44

2. a) 12, 120, 120 b) 30, 300, 300 c) 56, 560, 560 d) 18, 180, 180

3. a) 1 200, 12 000, 120 000 b) 3 000, 30 000, 300 000 c) 5 600, 56 000, 560 000

4. a) 72 b) 720 c) 7 200

5. a) 32 400 b) 42 280 c) 78 300

Seite 45

1. a) 369 b) 864   2. a) 482 b) 966

3. a) 696 b) 484 c) 468 d) 6 399 e) 8 488 f) 8 266

Seite 46

1. a) 378 b) 868   2. a) 496 b) 1 056

3. a) 981 b) 1 044 c) 2 877 d) 11 487 e) 4 936 f) 8 764

Seite 47

1. a) 7 14 21 28 35
   b) 3 6 9 12 15
   c) 5 10 15 20 25

2.

2	4	6	8	10	12	14	16	18	20	22	24	26	28
3	6	9	12	15	18	21	24	27	30	33	36	39	42
6	12	18	24	30	36	42	48	54	60	66	72	78	84

3. b) 4 und 5, 2 und 10 c) 3 und 4, 2 und 6
   d) 2 und 15, 5 und 6, 3 und 10 e) 3 und 8, 4 und 6, 2 und 12 f) 2 und 8, 4 und 4

4. a) 1, 2, 4, 7, 14, 28
   b) 1, 2, 3, 4, 6, 9, 12, 18, 36
   c) 1, 2, 4, 5, 8, 10, 20, 40
   d) 1, 3, 9, 27
   e) 1, 3, 5, 15
   f) 1, 2, 3, 4, 5, 6, 10, 12, 15, 20, 30, 60